Y WAL GOCH
AR BEN Y BYD

Ffion Eluned Owen (gol.)

Argraffiad cyntaf: 2022
© Hawlfraint yr awduron unigol a'r Lolfa Cyf., 2022
Hawlfraint lluniau: Cyfranwyr unigol, oni nodir yn wahanol

Comisiynwyd 'I Gareth Bale ar achlysur ei ganfed gap'
gan *Sgorio / Rondo* yn wreiddiol.

Dymuna'r cyhoeddwyr gydnabod cymorth ariannol
Cyngor Llyfrau Cymru

Cynllun y clawr: Y Lolfa
Llun y clawr: Owain Fôn Williams

Rhif Llyfr Rhyngwladol: 978 1 80099 276 4

Cyhoeddwyd, rhwymwyd ac argraffwyd yng Nghymru gan
Y Lolfa Cyf., Talybont, Ceredigion SY24 5HE
gwefan www.ylolfa.com
e-bost ylolfa@ylolfa.com
ffôn 01970 832 304
ffacs 832 782

We call them the Red Wall. When we see their passion in the stadium, thousands, all in red, our colour, they inspire us. We want to make them proud.

Gareth Bale, Dinard, Ffrainc, 2016

Cynnwys

Diolchiadau

NI FYDDAI'R GYFROL hon wedi bod yn bosib heb gyfraniadau gwerthfawr y cyfranwyr a pharodrwydd aelodau'r Wal Goch i ddarparu dyfyniadau a lluniau. Mawr yw fy niolch i chi gyd. Diolch yn arbennig i Owain Fôn Williams am y caniatâd i ddefnyddio un o'i luniau eiconig ar y clawr, i Marged o wasg Y Lolfa am ei chydweithio a'i gofal hynod ac i Iolo am ei holl gefnogaeth wrth orfod byw gyda fi a'r llyfr am wythnosau! Mi fyddai'n dra diolchgar am etifeddu diddordeb Dad mewn pêl-droed, i Mam am fynd â Llio a fi i'n gêm Cymru gyntaf yn ôl yn 2001, ac i bawb sydd wedi bod yn gwmni i mi yn y gemau ac ar y teithiau ers hynny.

Rhagair

DIM OND AR ôl dod adra 'nes i sylweddoli gwir arwyddocâd yr holl beth.

Ro'n i newydd fod, am wythnos ym mis Mehefin 2021, dros 2,500 o filltiroedd i ffwrdd yn Azerbaijan (eto!), gyda thua 200 o Gymry eraill. 'Ydych chi'n siriys?' oedd cwestiwn ffrindiau wrth i ni benderfynu – wythnos cyn y bererindod – ein bod ni'n mynd i ddwy gêm gyntaf Cymru yn Euro 2020. Mynd, heb wybod beth i'w ddisgwyl, ond yn gobeithio na fyddem ni'n cael ein siomi.

Pe byddai rhywun wedi cymryd cam yn ôl ac edrych o'i gwmpas ym mar y gwesty yn Baku – yr unig le oedd ar agor i yfed ar ôl hanner nos oherwydd rheolau Covid – bydden nhw wedi gweld golygfa ddifyr. Rhai o hoelion wyth tripiau anghysbell i ddilyn Cymru yn yr 1980au a'r 1990au, yn rhannu straeon gyda rhai oedd yn profi eu taith gyntaf un i gefnogi eu gwlad. Cyn-chwaraewyr a sylwebyddion y wasg yn ceisio mwynhau peint tawel, ond go iawn yn mwynhau'r holl rialtwch dwyieithog swnllyd o'u cwmpas wrth i ni ddathlu dau ganlyniad campus. Wrth y bwrdd gyda fi roedd 'na gyplau o Fethesda a Llundain, dau ffrind o Sir Fynwy, ac unigolion oedd wedi teithio eu hunain o Benarth, Caerfyrddin, y Rhondda a Bryste. Buan y sefydlwyd grŵp WhatsApp a dechrau ar gyfeillgarwch na fyddai ond wedi gallu cael ei feithrin mewn un lle – trip Wales Away.

'Nôl adra'n hunanynysu yng Nghaerdydd, ac yn pori

drwy luniau a fideos o'r dathlu gwirion yn y Bakı Olimpiya Stadionu, dyma sylweddoli'n union pa mor arbennig ydi'r profiad o ddilyn Cymru. Er gwaethaf rhwystrau'r pandemig, ro'n i newydd dreulio wythnos anhygoel yn dathlu a gorfoleddu mewn Cymreictod yng nghwmni criw amrywiol o bobl sy'n teimlo'r un peth â fi am Gymru. Fe ddywedodd un o'r hogia ar ddiwedd yr wythnos nad oedd o erioed wedi siarad cymaint o Gymraeg yn ei fywyd. Yn Qatar eleni bydda i'n aros gyda thri o'r rheini oedd o gwmpas y bwrdd yn Baku. Mae criwiau o'r Felinheli a Chaerffili wnaeth hefyd gyfarfod ar y trip yn dal i ddod at ei gilydd ar ôl bron pob gêm gartref.

Yndi, mae'r wefr o fod yn aelod o'r Wal Goch enwog honno yn gyfuniad unigryw o bêl-droed, Cymreictod a chyfeillgarwch. Yn ystod eang o brofiadau sy'n haeddu cael eu cloriannu a'u cofnodi; llond stadiwm o straeon sy'n haeddu cael eu clywed a'u cofio.

Dyma gyfrol am y Wal Goch, gan y Wal Goch, ar gyfer aelodau'r Wal ddoe, heddiw ac yfory. Doedd pethau ddim yn arfer bod fel hyn wrth gwrs, ac mae cyfle rhwng y cloriau i hel atgofion am siwrne cefnogwyr Cymru ar hyd y blynyddoedd, ac i weld sut mae ffyniant rhyfeddol y blynyddoedd diwethaf wedi dod i gynrychioli'r Gymru fodern, gyfoes. Mae pob ymdrech yma i adlewyrchu amrywiaeth profiadau cefnogwyr Cymru, gyda lleisiau cyfarwydd a lleisiau newydd, o'r gogledd, y canolbarth, y gorllewin a'r de, yn siaradwyr Cymraeg iaith gyntaf a rhai sydd wedi dysgu'r iaith. Mae'r penderfyniad i adael dwy o'r penodau a'r dyfyniadau yn eu Saesneg gwreiddiol yn ategu'r diwylliant dwyieithog hwnnw. Mae hi wedi bod yn bleser casglu'r cyfan ynghyd.

Yndan, 'dan ni i gyd yno'n bennaf i fod yn dyst i'r llawenydd a'r siomedigaethau ar y meysydd pêl-droed, ond mae cyfraniadau'r gyfrol hon yn profi bod cymaint mwy na hynny sy'n ein hudo ni'n ôl, gêm ar ôl gêm, taith ar ôl taith.

Bydd rhai ohonoch wedi adnabod y llun ar glawr y gyfrol; un o olygfeydd rhyfeddol Euro 2016 wedi'i dal yn berffaith gan frwsh paent Owain Fôn Williams, cyn-golwr Cymru. Yn ystod yr haf gorfoleddus hwnnw y bathwyd y term 'Wal Goch' yn swyddogol fel petai, er bod rhai elfennau o'r diwylliant wedi dechrau cael eu meithrin ddegawdau ynghynt wrth gwrs.

Mae'n llun sy'n ddrych i rai o'r prif themâu sy'n cael sylw yn y gyfrol hon. Dyna i chi'r cefnogwyr, yn fôr o goch a melyn yn eu *bucket hats*, yn llawn hwyl a chân. Oddi cartref maen nhw'n llysgenhadon sy'n cario enw Cymru fel cenedl bêl-droed annibynnol ar eu teithiau i bedwar ban, a'r gêm hefyd wedi dod yn borth i lawer fagu perthynas o'r newydd gyda hanes a diwylliant Cymru. Dyna i chi hefyd yr undod rhwng y chwaraewyr a'r cefnogwyr. Pwy all anghofio am y chwaraewyr eu hunain yn gofyn am gael troi'r camera ar y noson honno yn Zenica yn 2015, er mwyn cael y 'Wal' o 800 cefnogwr yn rhan o'r llun swyddogol i ddathlu cyrraedd twrnament rhyngwladol o'r diwedd? A dyna i chi'r fflagiau, o lefydd fel Rhosesmor a Rhos on Sea, Llanrug, Bagillt a Beddau. Yn ein huno fel Cymry o bob cornel a chefndir; yn gadael i ni chwalu ffiniau a dod i ddeall ein gilydd yn well. Ym Mrwsel ym mis Medi 2022, daeth bois ifanc di-Gymraeg o Gwmbrân i ofyn i ni am eiriau 'Hogia Ni', ar ôl chwilio'r we yn ofer wedi i griw o ogleddwyr gyflwyno'r gân iddyn nhw ar drip blaenorol. Ar yr un trip, trodd cefnogwr arall ataf a gofyn i mi siarad Cymraeg yn unig gydag o, gan ei fod yn ymarfer cymaint ag y gallai pan oedd yng nghanol aelodau'r Wal Goch. Does dim dwywaith fod sylw arbennig yng nghyfraniadau'r gyfrol hon i le'r Gymraeg ym mhêl-droed Cymru, ac effaith pêl-droed Cymru ar y Gymraeg. Mae cefnogi'r tîm yn brofiad cyffrous a chynhwysol y mae gennym ni i gyd yr hawl i'w fwynhau a'i drysori.

Y Wal Goch: Ar Ben y Byd ydi teitl y gyfrol, gyda'r is-deitl yn ategu'r geiriau ar y sgrin yn Stadiwm Dinas Caerdydd ar y noson wefreiddiol honno yn erbyn Wcráin ym mis Mehefin 2022. Geiriau sy'n cyfleu teimladau cenedl gyfan wrth i ni baratoi ar gyfer ein hymddangosiad cyntaf ers 64 mlynedd ar y llwyfan chwaraeon mwyaf un. 'Diolch i'r Wal Goch' oedd ar y poster o flaen y chwaraewyr wrth iddyn nhw ganu gyda Dafydd Iwan y noson honno, a Chymru a'r Gymraeg yn llygad y byd.

Mae *Geiriadur Prifysgol Cymru* yn cynnig diffiniad o 'wal' fel 'adeiladwaith solet... [sy'n] amgáu darnau o dir... rhoddi amddiffyn neu ddiogelwch i le', a'r *Oxford English Dictionary* yn ei disgrifio fel 'enclosing or defensive structure'. Ond mae lle i gwestiynu pa mor wir ydi hynny am 'Wal Goch' Cymru mewn gwirionedd. Wal gadarn o sŵn, yn sicr, fel y gall unrhyw un sydd wedi bod ynddi dystio. Ond yn amddiffynnol, yn gaeedig ei natur? Fel y gwelwch chi wrth ddarllen rhai o'r cyfraniadau hyn, mae hynny ymhell o fod yn wir. Gobeithio y gwnewch chi fwynhau'r holl straeon, yr angerdd, y cyfeillgarwch a'r hwyl.

Ffion Eluned Owen
Caerdydd, Hydref 2022

Y Wal Goch

Rhys Iorwerth

Mae 'na dorf. Mae honno'n dân. Mae 'na iaith.
Mae 'na hwyl ym mhobman.
Ac mewn un gêm, mae 'na gân
ar gyfer Cymru gyfan.

Dilyn Cymru: O Craven Cottage i'r Canton End

Meilyr Emrys

ER EFALLAI NAD oedd llawer o bobl yn sylweddoli hynny ar y pryd, mae 18 Mawrth 1907 yn ddyddiad arwyddocaol yn hanes pêl-droed Cymru. Ar brynhawn gwyntog yng ngorllewin Llundain, sicrhaodd gôl Lot Jones gêm gyfartal i Gymru, o flaen torf o 22,000 yn Craven Cottage. Gan fod y Dreigiau wedi colli 21 o'u 28 gêm flaenorol yn erbyn eu cymdogion, roedd rhwystro Lloegr rhag ennill ar eu tomen eu hunain yn dipyn o gamp ynddo'i hun. Ond yn bwysicach na hynny, roedd Pencampwriaeth Gwledydd Prydain bellach o fewn cyrraedd Cymru am y tro cyntaf erioed, a chafwyd cadarnhad mai tîm Billy Meredith oedd enillwyr cystadleuaeth 1906–07 dair wythnos yn ddiweddarach, pan fethodd Lloegr gael y gorau ar yr Alban.

Roedd dros 1,000 o Gymry ymysg y dorf sylweddol a wyliodd yr ornest hanesyddol yng nghartref Clwb Pêl-droed Fulham, a heb gyd-destun ehangach mae hynny'n swnio fel nifer annisgwyl o fawr, yn enwedig o gofio i'r gêm gael ei chynnal ar brynhawn dydd Llun. Ond mewn gwirionedd, roedd gweld minteioedd o gefnogwyr oddi cartref mewn gemau pêl-droed yn beth eithaf cyffredin ar droad yr ugeinfed ganrif. Trefnwyd trenau arbennig – gyda thocynnau rhatach – ar gyfer rhai gemau, a chan fod traciau rheilffordd yn cysylltu pob dinas a thref gwerth ei halen ym Mhrydain yn yr Oes Edwardaidd, gallai cefnogwyr Cymru ddilyn eu harwyr y tu hwnt i Glawdd Offa yn eithaf rhad a didrafferth. Nid ffenomen ddiweddar yw Wêls Awê felly, o bell ffordd!

Wedi dweud hynny, nid oedd gofyn i gefnogwyr cynnar Cymru deithio i bellteroedd byd er mwyn gwylio eu tîm yn chwarae oddi cartref. Ac eithrio dwy gêm answyddogol yn erbyn Canada yn Wrecsam yn Hydref 1891, dim ond gemau blynyddol yn erbyn Lloegr, yr Alban ac Iwerddon chwaraeodd y Dreigiau am dros hanner canrif yn dilyn ffurfio'r tîm cenedlaethol yn 1876. Cafwyd ychydig o amrywiaeth pan deithiodd pêl-droedwyr Cymru dros y Sianel am y tro cyntaf – ar gyfer gêm gyfeillgar yn erbyn Ffrainc ym Mharis – ym mis Mai 1933. Ond ni fentrodd y Crysau Cochion ymhellach na hynny tan ar ôl yr Ail Ryfel Byd.

Er gwaethaf undonedd y calendr rhyngwladol, cynyddodd maint y tyrfaoedd cartref yn fawr yn ystod yr 1930au. Llwyddiant newydd y tîm ar y cae oedd un o'r ffactorau oedd wrth wraidd y twf: wedi eu tanio gan goliau niferus Dai Astley a Pat Glover, enillodd Cymru Bencampwriaeth Gwledydd Prydain bum gwaith rhwng 1928 ac 1939 ac yn sgil hynny, denwyd tyrfaoedd cyson o dros 35,000 o bobl i wylio gemau rhyngwladol ym Marc Ninian. Yn wir, roedd 55,000 yn bresennol ar gyfer gêm olaf Cymru yno cyn yr Ail Ryfel Byd, pan drechwyd Lloegr o 4-2. Adlewyrchir pa mor llawn oedd y stadiwm y diwrnod hwnnw gan y ffaith bod nifer o unigolion wedi dringo i eistedd ar do Eisteddle Canton – ymhell uwchben gweddill y cefnogwyr – er mwyn cael golwg well! Yn anochel, tyrrodd y dorf i'r cae yn dilyn y chwiban olaf, gan ddathlu pedwaredd fuddugoliaeth Cymru dros eu cymdogion mewn pum mlynedd.

Heidiodd y cefnogwyr yn ôl i wylio gemau cartref y tîm cenedlaethol yn ystod y degawd a hanner cyntaf ar ôl yr Ail Ryfel Byd ac yn anhygoel, parhau i dyfu wnaeth maint y tyrfaoedd. Cyrhaeddwyd penllanw ar 17 Hydref 1959, pan dyrrodd 62,634 o bobl i Barc Ninian ar gyfer ymweliad arall gan Loegr.

Wedi i Gymdeithas Bêl-droed Cymru ailymuno â FIFA yn 1946, datblygodd rhestr gemau'r tîm cenedlaethol i fod yn dipyn mwy amrywiol: chwaraewyd gemau cyfeillgar ym Mhortiwgal, Gwlad Belg a'r Swistir yn 1949, cyn i'r Crysau Cochion deithio i herio Iwgoslafia, Awstria, Tsiecoslofacia a Dwyrain yr Almaen yn ystod blynyddoedd canol y degawd canlynol. Ond er bod pêl-droedwyr Cymru bellach yn mwynhau cefnogaeth sylweddol pan oeddent yn chwarae gartref – boed hynny yng Nghaerdydd, Wrecsam neu Abertawe – ychydig iawn oedd yn dilyn y Dreigiau ar eu teithiau i'r cyfandir.

Amlygwyd hyn yn ystod rowndiau terfynol Cwpan y Byd 1958. Er bod 90 o filwyr Cymreig wedi teithio o'u gorsaf yng Nghyprus i gefnogi Cymru yn y gêm ail gyfle oddi cartref yn Israel ar ddechrau'r flwyddyn, nid oedd 'Wal Goch' o unrhyw faint yn disgwyl am dîm Jimmy Murphy yn Sweden. Yr agosaf ddaeth y Dreigiau at gael unrhyw fath o gefnogaeth ystyrlon oedd pan benderfynodd llond llong o forwyr y Llynges Brydeinig – oedd yn digwydd bod wedi angori yn yr ardal – ochri gyda nhw, yn eu hail gêm, yn erbyn Mecsico. Ond anogaeth ddigon tila oedd hynny yn wyneb criw swnllyd o Fecsicanwyr go iawn (mewn sombreros) a 15,000 o drigolion lleol, oedd hefyd wedi penderfynu cefnogi'r ymwelwyr croch o ganolbarth America. Dim ond 2,823 o gefnogwyr o unrhyw fath oedd yn bresennol pan ddychwelodd Cymru i'r un stadiwm chwe diwrnod yn ddiweddarach, ar gyfer y gêm ail gyfle dyngedfennol yn erbyn Hwngari. Gyda'r Dreigiau ar ei hôl hi, llwyddodd Ivor Allchurch i ganfod y rhwyd gyda foli wefreiddiol o ymyl y cwrt cosbi – un o'r goliau gorau mae unrhyw un erioed wedi ei sgorio yn y crys coch – cyn i Terry Medwin ychwanegu ail gôl i sicrhau lle Cymru yn rownd wyth olaf Cwpan y Byd. A hithau'n noson hanesyddol i'r tîm cenedlaethol, roedd hi'n drueni o'r mwyaf bod cyn lleied o bobl yn bresennol. Yn yr un modd, nid oedd croeso swyddogol nac unrhyw fath o ddathliad cyhoeddus pan ddychwelodd arwyr 1958 adref o Sweden chwaith.

Ehangodd swyddogion Cymdeithas Bêl-droed Cymru eu gorwelion dipyn yn ystod y degawd a hanner canlynol – drwy anfon y tîm cenedlaethol llawn i chwarae gemau cyfeillgar ym Mrasil, Mecsico a Chile yn ystod yr 1960au; a charfan lai profiadol i Tahiti, Seland Newydd, Awstralia a Malaysia yn ystod haf 1971 – ond ni newidiodd arferion y cefnogwyr rhyw lawer. Er bod Parc Ninian dan ei sang ar gyfer ail gymal drwgenwog rownd wyth olaf Pencampwriaeth Ewrop yn erbyn Iwgoslafia ym mis Mai 1976, er enghraifft, dim ond dyrnaid o Gymry oedd wedi bod yn llygad-dystion i'r cymal cyntaf yn Stadion Maksimir, Zagreb, ychydig wythnosau ynghynt.

Erbyn diwedd y degawd, serch hynny, roedd newid ar droed. Dechreuwyd trefnu tripiau penodol ar gyfer rhai gemau ar gyfandir Ewrop, gan alluogi criwiau mwy o gefnogwyr i deithio gyda'i gilydd i wylio'r tîm cenedlaethol. Ym mis Hydref 1979, treuliodd tua hanner cant o ddisgyblion chwilfrydig o ysgolion uwchradd Brynrefail, Syr Hugh Owen, David Hughes a Friars ran helaeth o'u gwyliau hanner tymor yn teithio ar fws rhwng gogledd-orllewin Cymru a Köln. Wedi iddynt gyrraedd y Müngersdorfer Stadion a mynd i'w seddi ochr yn ochr â'r cefnogwyr cartref (gan nad oedd Cymdeithas Bêldroed Gorllewin yr Almaen wedi rhagweld y byddai angen neilltuo ardal benodol o'r stadiwm ar gyfer cefnogwyr yr ymwelwyr), gwelodd y disgyblion – ac ambell grwydryn arloesol arall, o lefydd fel Bethesda a Dolgellau – eu tîm yn ildio pedair gôl yn yr hanner cyntaf. Cysur prin i'r criw ifanc o Gymry blinedig oedd gôl hwyr Alan Curtis, wrth i'r Dreigiau golli o 5-1.

Ond waeth bynnag am yr hyn oedd yn digwydd ar y maes chwarae ei hun, roedd seiliau'r Wal Goch deithiol fodern yn awr yn cael eu gosod, ac erbyn diwedd y degawd canlynol roedd nifer (cyfyngedig) o gefnogwyr ymroddedig a selog bellach yn pererindota'n rheolaidd i wylio Cymru'n chwarae ar y cyfandir. Teg dweud, serch hynny, nad oedd y twf mewn niferoedd yn gyson, oherwydd dim ond 11 cefnogwr o Gymru wyliodd y Crysau Cochion yn cael chwip din o 5-0 yn Tbilisi yn 1994. Ond i fod yn deg, roedd Georgia wedi ei dynodi'n 'Barth Rhyfel Swyddogol' gan y Cenhedloedd Unedig ar y pryd – a'r unig ffordd o deithio i'r wlad oedd hedfan ar yr un awyren â'r chwaraewyr! Dychwelodd rhai o'r un 'llysgenhadon' dewr i ddwyrain Ewrop ddeuddeg mis yn ddiweddarach, gan fynd â rhai o'u ffrindiau gyda nhw y tro hwn: ar brynhawn Mercher oer a gwlyb ym mis Tachwedd 1995, roedd tua 30 o Gymry ymysg y dorf dila o 2,100 yn Tirana, wrth i dîm Bobby Gould sicrhau gêm gyfartal ddigon diystyr ym mhrifddinas Albania.

Pan ddychwelodd pêl-droedwyr Cymru i Georgia ac Albania nesaf – ychydig dros ugain mlynedd yn ddiweddarach – roedd y gwahaniaeth ym maint y gefnogaeth a'u dilynodd yno'n syfrdanol. Gwelodd 2,000 o aelodau'r Wal Goch Tom Lawrence yn sgorio unig gôl y gêm yn Tbilisi ym mis Hydref 2017, a llwyddodd tua 1,800 o fforwyr mewn crysau coch a hetiau bwced i gyrraedd dinas ddiarffordd Elbasan y flwyddyn ganlynol, wrth i Chris Gunter dorri record capiau tîm dynion Cymru.

Wedi'r egino cychwynnol yn ystod yr 1980au a'r 1990au, dechreuodd nifer y cefnogwyr oedd yn dilyn Cymru oddi cartref gynyddu'n fwy cyson ar ôl troad y mileniwm, diolch i argaeledd cynyddol hediadau awyren rhad i leoliadau ledled Ewrop. Ond yn ystod haf hirfelyn tesog 2016 y cyrhaeddodd y Wal Goch ei hanterth, gan iddi luosogi'n eithriadol o sydyn wrth i lwyddiant hirddisgwyliedig ar y cae swyno toreth o Gymry nad oeddent erioed wedi gwylio'r tîm cenedlaethol o'r blaen i ymuno â'r ecsodus torfol i Ffrainc.

Yn baradocsaidd, wrth i fwy a mwy o Gymry ddechrau gwylio eu gwlad yn chwarae oddi cartref yn y 2000au, gwywodd y niferoedd oedd yn mynychu gemau yng Nghaerdydd yn sydyn iawn. Er bod tyrfaoedd o dros 70,000 wedi tyrru i Stadiwm y Mileniwm i wylio pob un o gemau rhagbrofol cartref Cymru ar gyfer Euro 2004 – a Chymru'n cael ei hadnabod fel un o'r timau â'r gefnogaeth gartref fwyaf yn Ewrop ar y pryd – dim ond 12,324 oedd yn bresennol ar gyfer gêm gyfeillgar yn erbyn Paraguay ar Ddydd Gŵyl Dewi 2006. Tra gellid clywed goleuadau'r stadiwm yn hymian yn sgil y diffyg awyrgylch y noson honno, doedd pethau ddim llawer gwell ar gyfer ymweliadau cewri mwyaf y byd pêl-droed chwaith: dim ond 25,000 o bobl gafodd eu denu i wylio Michael Ballack, Bastian Schweinsteiger a sêr eraill yr Almaen yn trechu Cymru ym mis Medi 2007. Ond drwy drugaredd, roedd pethau ar fin newid.

Yn fuan ar ôl i Glwb Pêl-droed Caerdydd adael Parc

Ninian yn 2009, achubodd Cymdeithas Bêl-droed Cymru ar y cyfle i wneud stadiwm newydd yr Adar Gleision yn brif gartref ar gyfer y tîm cenedlaethol hefyd. Heb os, roedd adleoli i Stadiwm Dinas Caerdydd – sydd dros 50% yn llai na Stadiwm y Mileniwm – yn benderfyniad synhwyrol. Nid yn unig roedd y Gymdeithas yn gwneud colled ariannol drwy gynnal gemau yn y stadiwm fwy, ond roedd y degau o filoedd o seddi gwag yn dueddol o arwain at ddiffyg awyrgylch hefyd. Rhagdybiwyd y gellid gwneud i wrthwynebwyr Cymru deimlo'n fwy anghyffforddus drwy eu gorfodi i chwarae o flaen torf weladwy (a chlywadwy) mewn stadiwm fechan, yn hytrach nag o flaen eisteddleoedd segur mewn ogof anferth.

Ni wnaeth pethau wella dros nos, serch hynny: 14,061 oedd yn bresennol ar gyfer gêm gystadleuol gyntaf Cymru yn eu cartref newydd – colled o 0-1 yn erbyn Bwlgaria ym mis Hydref 2010 – a dim ond ychydig dros 8,000 o gefnogwyr welodd y fuddugoliaeth brin yn erbyn Montenegro y flwyddyn ganlynol. Ond wrth i ddyfodiad cenhedlaeth o sêr ifanc – megis Gareth Bale, Aaron Ramsey a Joe Allen – ddod â gobaith newydd yn ei sgil, ac wrth i'r tîm a gafodd ei greu gan John Toshack, a'i feithrin gan Gary Speed, ddechrau ffynnu o dan Chris Coleman, tyfodd maint y tyrfaoedd a throwyd Stadiwm Dinas Caerdydd yn gadarnle. Llwyddodd Cymru i lenwi'r stadiwm am y tro cyntaf ar gyfer y fuddugoliaeth gofiadwy dros Wlad Belg yn ystod ymgyrch ragbrofol lwyddiannus Euro 2016 a chyda hynny, trawsnewidiwyd y profiad o wylio Cymru – gartref ac oddi cartref – yn llwyr.

Yn wir, roedd yr wythnosau hynny yn Ffrainc ym Mehefin a Gorffennaf 2016 yn brofiad arallfydol. Tra bod y fuddugoliaeth agoriadol dros Slofacia yn ddiwedd cathartig ar ddegawdau o rwystredigaeth a thor calon i rai dilynwyr hirdymor pybyr, ar eu hymweliadau â Bordeaux, Lens, Toulouse, Paris, Lille neu Lyon y cafodd nifer o Gymry eraill eu blas cyntaf o ddilyn ein tîm pêl-droed cenedlaethol. Ar ôl cael profiad cychwynnol mor gadarnhaol, mae llawer o'r unigolion hynny bellach wedi dod yn aelodau selog a pharhaol o'r Wal Goch, gan ddychwelyd dro ar ôl tro i gefnogi'r Crysau Cochion, yng Nghaerdydd a thu hwnt. Er bod cyfuniad o amgylchiadau wedi golygu mai dim ond briciau mwyaf penderfynol y Wal Goch lwyddodd i ddilyn Cymru yn rowndiau terfynol Euro 2020, ac er na fydd y fintai arferol yn y Dwyrain Canol ar gyfer Cwpan y Byd 2022, mae eraill wedi ymuno o'r newydd dros y blynyddoedd diwethaf ac yn sgil hynny, mae ffenomen Wêls Awê wedi parhau i ffynnu.

Dwi a fy ffrindiau Huw, Colin a Stephen wedi bod yn mynd i gemau Cymru ers oeddan ni'n y chweched dosbarth 'nôl yn 1992! 'Dan ni wedi dioddef efo pawb arall dros y blynyddoedd ond mae'r gobaith wedi bod yna erioed. Mae o'n dal fel breuddwyd fod ni'n mynd i Gwpan y Byd – fedra i ddim disgwyl i gael mynd i'r anialwch!

Andrew Parker, Y Groeslon

Wal Goch is a way of life in this house! I'll never forget my dad (Steve)'s words to my two boys (Louis and Rhys) when we qualified in 2016 and again for the World Cup: 'Boys, you don't know how lucky you are, I've been waiting for this my whole life.' He turned 70 this year.

Angharad Walters, Ferndale

Dwi'n falch o fod yn rhan o'r Wal Goch ac yn *excited* bob tro i weld Cymru yng Nghaerdydd. Dwi'n hoffi'r sŵn a'r canu yn y Canton ac mae o'n neud fi'n hapus i fod yn Gymro.

Caleb Grove, 9 oed, Waunfawr

Beth sy'n arbennig am gefnogi Cymru? Pob dim. Creu atgofion, creu ffrindiau a chefnogi ein gwlad. Be sy'n well?

Osian Roberts, Llannerch-y-medd

Cyrraedd Cwpan y Byd fydd pinacl cefnogi Cymru. Wedi teithio a dilyn ein tîm, mae mynd i Qatar yn uchafbwynt enfawr i ni. Dwi mor emosiynol wrth ganu'r anthem yn meddwl am fy nhad a'i gyfoedion na chafodd y cyfle i weld hyn.

Jane Henlyn Roberts, Llandudno

'Mae gen i broblem, mae o gen i erioed...'

Bryn Law

'MAE GEN I broblem, mae o gen i erioed, dwi methu stopio siarad am bêl-droed.' Geiriau un o'm hoff ganeuon pêl-droed ac esiampl ardderchog o'r berthynas gref rhwng y gêm a'r sin gerddoriaeth yng Nghymru. Pan oedd Y Profiad yn canu am garu'r gêm, roedd y tîm cenedlaethol, tîm Bobby Gould, yn dîm sobor o sâl. Yr unig gân i roi ffocws ar dîm Bobby oedd addasiad y Manic Street Preachers o 'Everything Must Go'. Drwy ailenwi'r gân yn 'Bobby Gould Must Go', roedd y Manics yn gwneud datganiad syml am sefyllfa'r tîm. I mi, mae'r cysylltiad rhwng pêl-droed a miwsig wastad wedi bod yn gryf iawn.

Symudais dros y ffin o Lerpwl i Riwabon yn 1979. Yn naw oed, doedd gen i'r un gair o Gymraeg heblaw am ambell beth a glywais wrth aros efo Nain a Taid yn Llanllechid. Roedd pawb yn siarad Cymraeg yn Llanllechid, wrth gwrs, ac fe ddigwyddodd rhywbeth pwysig iawn yno. Wrth chwarae efo Eryl o'r swyddfa bost dros y ffordd, gwylio Taid yn sgwrsio efo Mr Evans y ffermwr, neu wrth wrando ar Mam, Nain a Taid yn siarad mewn iaith oedd mor estron i mi, fe dyfodd teimlad cryf o Gymreictod yn y Sgowsar bach.

Os oedd yna gêm bêl-droed wedyn rhwng Lerpwl ac Everton, coch oeddwn i bob tro. Os oedd hi'n gêm rhwng Lloegr a Chymru, eto, coch oedd fy newis. Roeddwn i wedi penderfynu mai Cymro i'r carn oeddwn i.

Crys coch arall oedd y dewis naturiol felly wrth symud dros y ffin i hen wlad fy Mam yn 1979. Roedd yna dîm pêl-droed newydd i'w ddilyn. A byth ers hynny, daeth Wrecsam yn rhan allweddol o'r drindod sanctaidd, ochr yn ochr â miwsig a dillad.

Ar ôl symud i'r ysgol uwchradd, roeddwn i'n mynd i gemau Wrecsam ar fy mhen fy hun, heb fy nhad. Bryd hynny, yn yr 80au cynnar, roedd fy niddordeb a'm dychymyg yn cael eu tanio gan yr hyn oedd yn digwydd ar y terasau pêl-droed. Tyrfaoedd cymharol fychan oedd ar y Cae Ras, ond roedd 'na grŵp bach o hogiau yno oedd yn edrych yn gwbl wahanol i bawb arall. Roedden nhw'n gwisgo *tracksuits* a *trainers* fel chwaraewyr tenis, neu siwmperi fel golffwyr. Roedden nhw'n debycach i Björn Borg a Seve Ballesteros na'r hen mods, rocyrs a pyncs ar iard yr ysgol.

Roedd y fath ffasiwn yn tyfu mewn poblogrwydd a phan es i yn ôl i Lerpwl i wylio gêm yn Anfield, roedd 'na filoedd o bobl ifanc yn gwisgo iwnifform newydd y *Scallies*. A rŵan, *Scally* oeddwn i. Dyma lle dechreuodd yr obsesiwn i mi a llawer o hogiau eraill, gan gynnwys cefnogwr Wrecsam a Chymru o'r Bala, Tim Williams.

Oedd, roedd pêl-droed a dillad yn bwysig iawn i ni, yn obsesiynau, fel y daeth dilyn un band oedd yn dod â'n holl ddiddordebau ynghyd – The Alarm. Ym mis Medi 1983, fe ymddangosodd eu sengl newydd yn y siartiau. Cyn diwedd y mis roedd The Alarm wedi ymddangos ar

Top of the Pops am y tro cyntaf, y band cyntaf erioed o ogledd Cymru i chwarae ar sioe gerddorol fwyaf Prydain. Andros o gamp.

I bobl fel Tim a fi, roedd dilyn y band yn union fel dilyn tîm pêl-droed. Es i'w gweld nhw'n chwarae gìg mawr anhygoel yn Llandudno yn 1985, efo'r Ddraig Goch yn hedfan uwchben. Roedden nhw'n hapus i siarad am ddod o'r Rhyl, ac yn falch i ddod o 'North Wales', achos doedden nhw ddim yn gallu siarad digon o Gymraeg i ddod o ogledd Cymru!

Wrecsam, Cymru, The Alarm. Tîm lleol yn y bedwaredd adran, tîm cenedlaethol yn gwisgo cit Adidas hyfryd ond byth yn llwyddo i gyflawni unrhyw beth o bwys, a band lleol yn cael *hits* ym Mhrydain a'r Unol Daleithiau.

Un atgof sy'n sefyll allan am y cyfnod hwnnw ydi gweld y basydd, Eddie MacDonald, yn gwisgo crys pêl-droed Cymru ar y llwyfan ac ar y teledu. Rŵan, am y tro cyntaf, roedd 'na fand i'n cynrychioli ni, y *Scallies* bach o ogledd-ddwyrain Cymru, man geni pêl-droed Cymru.

Roeddwn i'n dysgu Cymraeg yn yr ysgol ond mewn gwirionedd, pentre digon Seisnig oedd Rhiwabon. Roedd rhaid edrych felly am bethau eraill i gryfhau'r ymdeimlad o fod yn rhan o wlad wahanol. Daeth miwsig i'r adwy eto. Roeddwn i'n gwrando ar John Peel bron bob nos, gan ddarganfod pob math o synau newydd a thanddaearol. Roedd John Peel yn ddyn dylanwadol iawn ac roedd o wastad yn chwarae pethau newydd a chyffrous, gan gynnwys traciau gan fandiau oedd yn canu yn Gymraeg fel Yr Anhrefn, Y Cyrff a Datblygu.

Bellach, roeddwn i'n gwisgo dillad gwahanol i'r norm yn yr ysgol ac o amgylch y pentref. *Flares* efo *trainers*, crys rygbi Benetton a het *tweed* fy nhad. Roeddwn i'n gwrando ar fiwsig gwahanol ac yn cefnogi timau pêl-droed Wrecsam a Chymru, yn hytrach na Lerpwl a Lloegr. Roedd y pethau tanddaearol yn apelio bob tro!

Roedd pethau'n newid a *Change/Newid* oedd enw albwm newydd The Alarm hefyd – yr albwm cyntaf yn Saesneg a Chymraeg. Cyn bo hir roedd y sengl A/AA 'Hwylio Dros y Môr/New South Wales' yn y Top 40 – y gân Gymraeg gyntaf erioed i gyrraedd y siartiau swyddogol. Doedd dim un aelod o'r Alarm yn gallu siarad Cymraeg yn rhugl fel iaith gyntaf, ac roedd un ohonynt yn hanu o Fanceinion. Ond rhywsut neu'i gilydd bu'r band oedd mor llwyddiannus yn canu yn Saesneg yn llwyddiannus yn y Gymraeg hefyd!

Yn cyd-fynd ag ymdrechion gwych John Peel i greu ymdeimlad o hunanhyder am ganu yn y Gymraeg, cafwyd hwb sylweddol gan ddyfodiad sianel deledu newydd S4C hefyd, a grwpiau ifanc yn cael cyfle i greu fideos i hyrwyddo'u caneuon a'u bandiau. Efallai nad oedd 'na lot o arian yn y sin Gymraeg, ond roedd 'na siawns i edrych yn cŵl ar y teledu! Roedd y bandiau fel arfer yn dod o ogledd Cymru, a dylanwad Madchester yn amlwg ar ddiwedd yr 80au. Roedd Tim, fi a sawl un arall wedi bod yn gwisgo *clobber baggy* Madchester i fynd i'r pêl-droed am flynyddoedd fel rhan o'r sin ffasiwn danddaearol. Ond bellach roedd pawb yn gwisgo *trainers* drud a hetiau bwced. Gwelais gefnogwyr Lerpwl yn eu gwisgo nhw yn 1984. Rŵan, roedd pawb yn gwisgo het fwced fel Reni o'r Stone Roses.

Er mai cerddoriaeth oedd ei brif ddiléit, roedd John Peel hefyd yn ffan mawr o ffansins pêl-droed. Fel yn Lloegr, roedd ffansins yn rhan bwysig o'r diwylliant pêl-droed tanddaearol yng Nghymru. Roedd pawb yn eu creu, yn siarad am bêl-droed ond yn aml yn siarad am fiwsig hefyd, fel y ffansin *Two Left Feet* o Bwllheli. Mewn un rhifyn cafwyd casét fel anrheg am ddim, efo thraciau gan Beganifs, Datblygu, Ffa Coffi Pawb a Tŷ Gwydr. Cerddoriaeth Gymraeg mewn ffansin Saesneg.

Yn ne Cymru, roedd pethau'n tanio hefyd. Roedd U-Thant o Gaerdydd yn grŵp o gefnogwyr yr Adar Gleision a Chymru, â'u cân 'Dim I.D./No I.D.' yn protestio yn erbyn cynlluniau'r Llywodraeth i gyflwyno cardiau ID i gefnogwyr pêl-droed. Dwi'n dal i weld Rhys ac Iwan o'r band ble bynnag fydd Cymru'n chwarae.

Es i weld y Super Furry Animals dros Brydain gyfan. Roedd fel dilyn Cymru – ond yn well! Roedd miwsig y SFA yn anhygoel ac unwaith eto, roedd nifer o ffans ffwtbol yn eu dilyn nhw. Y noson fwyaf cofiadwy o bell ffordd oedd honno yn Toulouse yn 2016 – *bucket hats* ymhob man, 'Bing Bong' a Ffrancwyr dryslyd yn y dorf yn gofyn 'Qui est Hal Robson-Kanu?'

Roedd Euro 2016 yn ddigwyddiad ddaeth â'm holl obsesiynau at ei gilydd mewn mis perffaith. Gwledd o bêl-droed, miwsig a dillad. Roedd bron pawb yn gwisgo rhywbeth Spirit of 58, sef label dillad Tim Williams. Roedd Tim wedi penderfynu creu dillad yn bwrpasol ar gyfer cefnogwyr Cymru ddegawd ynghynt, gan wybod yn iawn pa fath o bethau fyddai'n plesio hen *Scalls* a ffans newydd. Ond pam Spirit of 58? Wel, cyfuniad o ddylanwad Mike Peters a'r Alarm a'u cân anthemig 'Spirit of 76' a'r tro olaf i Gymru gyrraedd rowndiau terfynol Cwpan y Byd, wrth gwrs. Enw gwych.

O ble felly ddaeth yr athrylith o syniad i gynhyrchu hetiau bwced? Mae hynny'n mynd yn ôl yn wreiddiol i fis Hydref 1991, a gêm gyntaf Tim a fi yn dilyn Cymru oddi cartref yn erbyn yr Almaen yn Nuremberg. Roedd bron i 5,000 o gefnogwyr Cymru yno, a chyn teithio efo grŵp o hogiau'r Bala, fe brynodd Tim hetiau bwced coch, gwyrdd a gwyn o swyddfa bost y dref. Cofiodd am yr hetiau wrth sefydlu label Spirit of 58 – 'The rest is history.'

Dwi'n adnabod Tim yn dda, ac mae o mor falch o weld pobl yn gwisgo ei gynnyrch. Wnes i helpu efo un peth pwysig cyn yr Ewros. Trefnais gyfarfod efo'r SFA ar ôl gìg yn Leeds er mwyn i Tim ddosbarthu hetiau i'r band. Roedd Cian yn gwisgo ei het ar y llwyfan yn y gìg enwog yn Toulouse – popeth yn dod at ei gilydd!

Ers y noson fythgofiadwy ym Mosnia yn 2015 pan seliodd Cymru le yn yr Ewros am y tro cyntaf, mae'r byd cerddorol wedi dangos cariad tuag at y tîm pêl-droed. Roedd 'na ddigon o ganeuon Cymraeg a Saesneg i greu *double album* cyn Ffrainc! Mae'r cysylltiad wedi tyfu'n gryfach ers pencampwriaeth 2016 ac mae Cymdeithas Bêl-droed Cymru wedi chwarae rhan allweddol yn hynny. Maen nhw wedi gweld cyfle i adeiladu delweddau nerthol o amgylch 'brand' Cymru. Yn hytrach na thrin Tim, fel masnachwr annibynnol, fel rhyw fath o gystadleuaeth, maen nhw wedi gweithio efo fo, gan gydnabod y gwaith ardderchog mae o wedi ei wneud i greu rhywbeth cyffrous o gwmpas y tîm cenedlaethol.

Ar yr un pryd, mae'r Gymdeithas wedi gweld manteision hyrwyddo cerddoriaeth Gymreig gyfoes gan ddymchwel nifer o'r hen ystrydebau diflas. Fel Gog, does gan bobl yn siarad am rygbi, corau meibion a chymoedd ddim lle yn fy Nghymru i. Chwaraeon, miwsig a diwylliant hanesyddol, yn sicr, ond mewn ffordd wahanol iawn.

Y wisg genedlaethol rŵan? Hetiau bwced, nid hetiau uchel. Mae Cymru'n cofio'r gorffennol ond yn edrych i'r dyfodol, efo'r timau cenedlaethol, y dynion a'r merched, yn cynrychioli'r Gymru newydd.

Pam felly fod cerddorion wedi closio at y tîm pêl-droed cenedlaethol, ond nid cymaint at y tîm rygbi? Wedi'r cwbl, mae'r tîm hwnnw wedi bod yn llawer mwy llwyddiannus dros y blynyddoedd. Heblaw am 'As Long As We Beat The English' gan y Stereophonics, fedra i ddim meddwl am gân roc rygbi.

Yn fy marn i, mae daearyddiaeth yn chwarae rhan bwysig. Mae pobl yn y gogledd yn caru pêl-droed. Roedd pawb yn dilyn y gêm, yn chwarae'r gêm, ac yn gwylio'r gêm pan oeddwn i'n tyfu i fyny yn Rhiwabon. Dyna sut oedd hi drwy'r gogledd. Roedd mwyafrif cefnogwyr Cymru yn y cyfnod hwnnw yn dod o Gaerdydd neu'r gogledd – lleoliad nifer o'r bandiau Cymraeg hefyd. Ac roedd yr ysbryd a'r awydd yno i wneud rhywbeth gwahanol er mwyn herio'r ystrydebau traddodiadol o Gymru. Roedd Max Boyce a Tom Jones yno i gynrychioli'r rygbi – gêm y sefydliad. Roedd pêl-droed yn cynnig rhywbeth amgen, rhywbeth mwy.

I mi, dyna oedd y cysylltiad, bod yn wahanol. Fy Nghymru i oedd y bêl gron a miwsig cŵl. Ac mae hynny'n dal yn wir hyd heddiw, dim ond bod yna lot mwy ohonom ni yn mwynhau'r profiad erbyn hyn! Rydw i wedi bod ar daith anhygoel efo'r tîm ers fy ngêm gyntaf yn 1980. Cefnogwr, gohebydd a rŵan dwi'n gefnogwr unwaith eto. Yn dal i brynu *trainers*, yn dal i wisgo het fwced ac yn dal i garu miwsig. Dwi wedi clywed fy llais ar y gân 'Dyddiau Coch' gan y band Tigana, wedi helpu Mike Peters i sgwennu cân swyddogol y Gymdeithas Bêl-droed cyn Euro 2020, ac yn rhan o gân Cwpan y Byd 2022 The Columbians.

Pêl-droed, miwsig, dillad a Chymru. Cyfuniad perffaith.

I Gareth Bale
ar achlysur ei ganfed cap

Llion Jones

Cymru v. Belarws, Stadiwm Dinas Caerdydd
13 Tachwedd 2021

Pan oedd siom ynom o hyd
ac wylofain yn glefyd
a'r gwae yn drwm ar gaeau
digysur y bur hoff bau,
roedd creithiau'r cof yn gofyn
be' wnaeth Cymru i haeddu hyn?

A hithau'n nos, daethost ti,
Gareth, ar gyrch rhagori,
i herio mewn gêr arall,
i wibio heibio'n ddi-ball,
yn dy draed roedd hyder un
a alwai gwlad i'th ddilyn.

Ein draig, ein mab darogan,
ein gôl hwyr i gyrraedd glan,
hyd llwybrau dy gapiau i gyd
fe rannaist wefr yr ennyd
a'r daith o Graz i Gaerdydd
sy'n llawn o sŵn llawenydd.

Un GB sydd ar y bêl,
un union, siŵr ei annel,
un uwcharwr a'i chwarae
i ni'n gefn ar bob rhyw gae;
yn wylaidd heno holwn
be' wnaeth Cymru i haeddu hwn?

Hanner cystal â 'nhad – Dad, pêl-droed a fi!

Rhian Angharad ferch Dai

BYCHAN OEDDWN I pan oedd 'nhad (Dai Davies, cyn-golwr Cymru) yn chwarae pêl-droed, felly prin yw'r atgofion o'i weld rhwng y pyst. Ond yn fy arddegau bues i'n ffodus i gael teithio gyda Dad ar draws y wlad wrth iddo sylwebu ar gyfer radio a theledu. Yn y cyfnod hwn, mi syrthiais dros fy mhen a 'nghlustiau mewn cariad â phêl-droed. Nid o reidrwydd yr hyn oedd yn digwydd ar y cae ond yn hytrach yr awyrgylch drydanol, y tynnu coes di-baid, y rhegi croch, y brawdgarwch croesawgar a'r canu angerddol.

Gan amlaf, ymysg y cefnogwyr oeddwn i, ond ambell i dro buaswn i'n cael mynd gyda Dad i loc y wasg. 'Na i fyth anghofio'r profiad brawychus o ddringo'r ysgol i eistedd yn y gantri uwchben y North Bank yn y Vetch yn Abertawe. Dwi'n cofio synnu i weld yr ysgol yn cael ei thynnu i fyny ar ein holau rhag i'r cefnogwyr geisio dringo fyny atom. A finnau'n holi'n hollol ddiniwed, be oedd rhywun i fod i'w wneud petai natur yn galw cyn diwedd y gêm, a'r rhes o sylwebwyr yn pwyntio at y bwced yng nghornel bella'r

33

gantri! Am ysgol brofiad. Teg dweud i mi groesi 'nghoesau'n dynn iawn trwy gydol y gêm honno.

Rydan ni i gyd yn gwybod fod bod yn gefnogwr pêl-droed yn gallu mynd â chi i'r eithafion o ran emosiwn – o'r gorfoledd goruchaf i'r pydew diflasaf. Mae'n hawdd iawn anghofio pa mor ddu y bu hi i gefnogwyr Cymru yn sgil yr holl lwyddiant diweddar. Tan i mi wylio rhaglen ddogfen Elis James am hanes pêl-droed yng Nghymru cyn Euro 2020, roeddwn i wedi llwyr anghofio 'mod i wedi bod yno yn y 90au gyda Dad yn gwylio Cymru yn ystod rhai o'u dyddiau tywyllaf. Colli 2-1 yn erbyn Leyton Orient, un o dimau gwaethaf y gynghrair ar y pryd, o dan arweiniad Bobby Gould, a'r ffars o weld rheolwr hanner cant oed yn dod ag o'i hun ymlaen i'r cae fel eilydd dros Gymru yn erbyn Cwmbrân Town. Rhaid bod yr holl brofiad mor hunllefus o boenus nes 'mod i wedi blancio'r cyfnod o 'nghof! Ond un peth yn sicr nad aeth yn angof oedd y tro y rhoddodd 'nhad ei farn, yn ôl ei drefn ddiflewyn-ar-dafod, a chyhoeddi'n fyw ar y teledu fod gan y Gymdeithas Bêl-droed fwy o 'foreskin' na 'foresight' gyda phenodiad Bobby Gould!

Erbyn heddiw, mae dilyn Cymru yn beth llawer llai poenus, diolch byth. Heb os, dwi wedi dal y clwy o deithio dramor i wylio'r tîm cenedlaethol. Er nad ydw i'n gallu mynychu pob taith oddi cartref, does dim amheuaeth mai aelodau'r Wal Goch yw rhai o'r cefnogwyr mwyaf cyfeillgar, croesawgar, hwyliog a llawn asbri y gellid eu cael. Mae bod yn eu cwmni yn llesol i'r enaid ac yn siŵr o godi calon. Beth bynnag fo'r canlyniad ar y cae, mae eu hangerdd yn heintus.

Dwi wastad wedi meddwl am bêl-droed fel rhyw fath o grefydd gyfoes. Y stadiwm yn Fecca sanctaidd yn denu dilynwyr brwd i ymgymryd â'r ddefod wythnosol. Y crys pêl-droed o'r un statws â'r *Sunday best* gynt. Y chwaraewyr yn dduwiau i'w heilunaddoli. Y miloedd o gefnogwyr yn cydweddïo'n wythnosol. Atgyfnerthwyd y ddelwedd hon dros y blynyddoedd diwethaf gan y Wal Goch â'u canu grymus. Daw'r Barry Horns ag atgofion plentyndod o fynychu'r ysgol Sul a chael ein harwain i ganu emynau gan y codwr canu talsyth yn y sêt fawr! Mi alla i uniaethu'n llwyr â'r rheini gafodd eu gwefreiddio a'u sgubo gan don Diwygiad 1904 os oedd y profiad yn unrhyw beth tebyg i glywed torf o 30,000+ o gefnogwyr Cymru yn morio 'Hen Wlad Fy Nhadau'.

Dwi ddim yn meddwl fod posib rhoi mewn geiriau'r wefr a'r ias o fod yng nghanol y crochan gwladgarol yma. I rywun fel finnau, gafodd ei gwawdio yn rheolaidd trwy gydol ei ddyddiau ysgol am siarad Cymraeg, mae clywed yr angerdd yn y lleisiau sy'n bloeddio 'O, bydded i'r heniaith barhau' yn ddi-os yn dod â deigryn i'r llygad. Alla i 'mond dychmygu faint oedd Dafydd Iwan dan deimlad, ar ôl yr holl flynyddoedd o ymgyrchu a phrotestio, yn clywed stadiwm gyfan yn bloeddio 'A bydd yr iaith Gymraeg yn fyw' a'r dagrau'n powlio i lawr ei ruddiau.

Ond cofiwch, tydi gwrando ar ganeuon DI am ysbrydoliaeth cyn gemau rhyngwladol ddim yn beth newydd i garfan Cymru. Meddai 'nhad yn ei lyfr *Hanner Cystal â 'Nhad* (a sgrifennodd ar y cyd â Nic Parry): 'Cyn y geme bydde Josh [John Mahoney] i'w glywed yn chwarae recordie Dafydd Iwan mor uchel ag oedd bosib, ac i'w weld yn cerdded yn ôl ac ymlaen yn dyrnu un llaw i mewn i'r llall ac yn meddwl am ddim ond llwyddiant Cymru.'

Fel cenedl, mae canu yn rhan mor elfennol o'n treftadaeth a'n hunaniaeth. Mae bron yn amhosib bellach gwahanu'r anthem genedlaethol a phêl-droed Cymru; maen nhw'n dod gyda'i gilydd yn un parsel gwladgarol angerddol sy'n cyflyru pob un copa walltog o fewn y stadiwm – ar y cae ac yn y dorf – i fod yn fodlon arllwys gwaed dros Gymru. Ond tydi'r amser pan doedd yr anthem ddim hyd yn oed yn cael ei chwarae cyn gemau, heb sôn am gael ei morio, ddim mor bell yn ôl â hynny.

Clywsom Dad yn adrodd hanes gêm Lloegr v. Cymru yn Wembley yn 1977 droeon. Nid yn unig oherwydd bod Cymru wedi curo'r gelyn am y tro cyntaf ers dwy flynedd ar hugain (ac am y tro cyntaf ar eu tir eu hunain ers 42 o flynyddoedd) – ond oherwydd yr hyn ddigwyddodd yn yr ystafell newid ac ar y cae cyn i'r chwiban gyntaf gael ei chwythu. Roedd hogiau Cymru wedi gwneud cais i glywed eu hanthem yn cael ei chwarae cyn y gêm, ond cafwyd esgus tila gan Gymdeithas Bêl-droed Lloegr nad oedd gan y band ddigon o amser i ddysgu'r gân. Yng ngeiriau Dad:

Dyna'r noson pryd y gweles yr arwydd mwya' pendant o'r ymdeimlad o Gymreictod oedd wedi ei wreiddio yn y tîm ers dyfodiad Mike Smith...

Allan ar y cae felly, ac ar ôl i anthem Lloegr gael ei chwarae â'r time'n sefyll yn syth mewn dwy res, gwaeddodd Terry Yorath ar y gweddill ohonom, "Stay where you are!" Gyda chwaraewyr Lloegr wedi rhedeg o'r llinell tuag at un gôl dyna lle roedd tîm Cymru yn dal yn llonydd ac yn syth, yn ei gwneud hi'n amlwg i'r dorf enfawr ein bod ni'n disgwyl ein hanthem ni. Protest dawel oedd hi, protest fer, ond fe wnaethpwyd y pwynt ac fe fu'n brotest ddigon hir i Ted Croker, Ysgrifennydd Cymdeithas Bêl-droed Lloegr, fynd o'i go. Roedd ei wyneb yn goch yn ceisio'n perswadio i redeg i'r cae yn lle creu embaras o flaen aelode o'r teulu brenhinol!

Trafododd Terry Yorath, John Mahoney a minne wedi hynny mor falch oedden ni o weld pawb arall yn y tîm yr un mor barod â ni i wneud y safiad, ffaith oedd ynddi'i hun yn cadarnhau beth oedd cael cynrychioli Cymru yn ei olygu bellach i bawb.

Mae bod yn aelod o'r Wal Goch bresennol wedi atgyfnerthu i mi'r pwysigrwydd o gael hunanhyder yn ein Cymreictod. Rhaid i ni beidio ymddiheuro am bwy ydan ni, ond fel yr hogiau gynt, cydsefyll gyda balchder. Dyna fyddai Dad yn ei wneud bob amser. Ambell dro dwi'n ceisio dychmygu be oedd yn mynd trwy ei feddwl pan oedd o'n sefyll yno'n bloeddio canu 'Hen Wlad Fy Nhadau' cyn gemau Cymru. Os edrychwch chi'n ôl ar yr hen *footage* o gemau'r 70au, prin ydi'r canu sy'n dod gan y chwaraewyr, a'r hyn sydd hyd yn oed yn fwy rhyfeddol ydi nad ydi mwyafrif y dorf yn canu chwaith. Yn hytrach, un llais mewn môr o 'Wales, Wales!' fu 'nhad. Diolch byth am y trawsnewid anhygoel sydd wedi bod.

Dros y blynyddoedd fe dderbyniodd Dad gannoedd o lythyrau a negeseuon gan gefnogwyr yn diolch iddo am yr hyn a wnaeth dros y Gymraeg, a'r ffordd y byddai'n bloeddio'r anthem cyn y gemau, a chynnal cyfweliadau yn ei famiaith. Byddai fy mam yn ateb y llythyrau niferus ac yn cadw toriadau erthyglau papur newydd a fideos o'r cyfweliadau lu. Ers colli 'nhad yn ystod y cyfnod clo, daethom i sylweddoli pa mor werthfawr oedd y rhain i ni fel teulu. Pan oedd o'n dechrau ei yrfa, dwi ddim yn dychmygu am eiliad iddo wneud penderfyniad i ddefnyddio'i lwyddiant ar y cae pêl-droed i hyrwyddo'r Gymraeg. Roedd o jyst yn gadarn ei hunaniaeth Gymreig ac yn hollol *unapologetic*, chwedl y Sais, am y peth. Dyna pwy oedd o a dyna ni. Fe ddywedodd ei hun ei fod yn ffodus i fod yn chwarae yn ystod rhai o 'flynyddoedd mwya' goleuedig' y tîm cenedlaethol. 'Cyn hynny,' meddai, 'doedd pêl-droed Cymru'n ddim llai na thestun jôc ond fe fûm i'n rhan o'r cyfnod o adeiladu'r tîm pêl-droed yn rym ym mhêl-droed y byd.'

Yn yr un modd, mae unigolion fel Osian Roberts ac Ian Gwyn Hughes a'u cyfoedion wedi ffeindio eu hunain yn y lle iawn ar yr amser cywir. Wrth hwylio ton datblygiad a llwyddiant y tîm cenedlaethol, maen nhw wedi bod yn gadarn eu Cymreictod a thrwy hynny wedi cael effaith aruthrol ar ddefnydd y Gymdeithas Bêl-droed o'r Gymraeg. Rydan ni i gyd yn dyst i'r dylanwad ehangach anfesuradwy mae hynny wedi ei gael ar yr iaith a'r ymdeimlad o Gymreictod ar draws y wlad. Dyna beth sydd ei angen ym mhob agwedd o fywyd yng Nghymru – unigolion sy'n fodlon arddel eu Cymreictod. Bod yn gadarn yn ein braint o gael siarad mamiaith Cymru, ac annog eraill gydag arddeliad i gredu bod yr iaith yn perthyn i ni i gyd.

O'r diwedd, diolch yn rhannol i bêl-droed Cymru, mae 'na hyder newydd yn y wlad. Tybed ydan ni'n gallu gweld y dydd lle bydd gallu siarad Cymraeg yn cael ei edmygu yn hytrach na'i wawdio a'i sarhau? Dyna'r Gymru yr hoffwn i weld fy mhlant i'n cael eu magu ynddi. Ond mae 'na siwrne faith o'n blaenau i weld yr un ymdeimlad o Gymreictod mewn sawl agwedd arall o'n bywydau, o addysg i wleidyddiaeth. Gwych o beth fyddai gweld pob corff cyhoeddus a phreifat yng Nghymru yn dilyn esiampl Cymdeithas Bêl-droed Cymru.

Mae'n rhoi croen gŵydd i mi geisio dychmygu'r ffasiwn emosiwn fydd yn ein calonnau ni i gyd pan ddaw nodau agoriadol 'Hen Wlad Fy Nhadau' yng ngêm gyntaf Cymru yn Qatar. Bydd lleisiau holl chwaraewyr, staff a chefnogwyr y gorffennol, y rhai a welodd Gymru'n boddi wrth y lan dro ar ôl tro, i'w clywed yn atseinio ar yr awel. Mi fyddai 'nhad cyn falched â neb i weld Cymru'n cyrraedd y llwyfan pêl-droed mwyaf posib (ac yn llawn cyngor a beirniadaeth adeiladol wrth gwrs!).

Mae gen i enynnau pêl-droed yn llifo trwy fy ngwythiennau. Mae gyrfa 'nhad yn hysbys i bawb, ond cyn hynny, roedd fy nhad-cu, William John, yn bêl-droediwr o fri oedd â'r posibilrwydd o gael gyrfa ddisglair gyda Wolverhampton Wanderers a Sheffield United. Ond fel mab i deulu o lowyr, o dan y ddaear ac nid ar feysydd y bêl gron y treuliodd ei fywyd fel gweithiwr gan fod y cyflog bryd hynny yn well. Roedd 'na bêl-droed yn y gwaed ar ochr fy mam hefyd, gyda 'nhaid, Charlie Price, yn disgleirio yng nghynghreiriau Ynys Môn, Gwynedd a Chonwy. Yn wir, pan oedd o'n llanc 17 oed, cafodd ei ddewis i gynrychioli Cymru ar daith bêl-droed i Ffrainc o dan ofal yr Urdd yn 1936.

Doedd 'na'r un gobaith taten y buaswn i erioed yn dilyn ôl eu traed ar y cae pêl-droed. Ond does 'na ddim amheuaeth y bydda i'n bloeddio 'Hen Wlad Fy Nhadau' gyda phob owns o falchder ac angerdd fel y gwnaeth fy nhad. A bryd hynny mi fydda i'n gwybod 'mod i'n llawn cystal â'm cyndadau – am ganu!

Dwi wedi bod yn *obsessed* gyda phêl-droed ers 'mod i'n ifanc iawn, ond byth wedi dilyn unrhyw glwb penodol yn agos, ac felly cefnogi Cymru a dilyn hanes y chwaraewyr yw'r prif obsesiwn i fi. Y tu hwnt i weld y tîm yn gwneud yn dda a chystadlu gyda'r goreuon, mae yna frawdoliaeth arbennig rhwng y cefnogwyr a chyda'r chwaraewyr, a rhyw fath o isddiwylliant wedi cael ei greu yn organig. Un o fy hoff bethau am gefnogi Cymru yw'r cyfle i ymweld â llefydd fuaswn i byth yn mynd iddyn nhw fel arall; tripiau i Slofacia, Georgia a China yw rhai o dripiau gorau fy mywyd, lle mai unig fwriad y cefnogwyr oedd mwynhau a chynrychioli Cymru mewn modd cadarnhaol.

Ioan Teifi, Caerdydd

Getting to the World Cup gives me the chance to use all of my student loan on travelling to Qatar! To see Wales at a World Cup will never sink in. I will be watching 'little old Wales' stand toe to toe with the best teams around the globe, and I know for a fact that we, the Wal Goch, will be the 12th man.

Ethan Frankland, Abertawe

Un o'r teimladau gorau yn y byd yw eistedd yn y stand yn chantio a gweld eich tîm cenedlaethol yn chwarae gêm orau'r byd. Wna i fyth anghofio sefyll arholiad Hanes AS y bore ar ôl Cymru v. Wcráin. Doeddwn i methu stopio meddwl am y gic rydd wnaeth Gareth Bale sgorio o fy mlaen i, a bod Cymru o'r diwedd yn mynd i Gwpan y Byd. Roeddwn i'n sicr yn fwy nerfus ar gyfer y gêm nag ar gyfer unrhyw arholiad.

Begw Elain, Dyffryn Nantlle

Tommie's Tours

Tommie Collins

BORE DYDD MAWRTH, 27 Mawrth 1985. Gorsaf drenau Bangor. Fi, fy mrawd Chris, a Gary Thomas, cefnder amddiffynnwr Cymru Kevin Ratcliffe. Roeddan ni ddyn i lawr yn barod – Sooty heb godi, stori'i fywyd.

Lle oeddan ni'n mynd? I'r Alban i wylio Cymru mewn gêm ragbrofol Cwpan y Byd, efo tocynnau *complimentary* gan Ratcliffe. Fy ngêm gyntaf yn gwylio Cymru oddi cartra. Roedd 'na ddigon o gwrw gennan ni ar gyfer y siwrne hir, ac o Crewe 'mlaen roedd y trên yn llawn dop o gefnogwyr yr Alban oedd yn byw yn Lloegr. Roeddan nhw wrth eu boddau yn ein hatgoffa ni o *misdemeanour* Joe Jordan yn 1977, a deud mai cweir oeddan ni am ei gael.

Fe gyrhaeddon ni Glasgow Central ganol bora, ac ar ôl piciad i weld caeau Clyde a Celtic (oedd, roedd y ffenomen *groundhopping* wedi dechrau), ymlaen â ni i'r Horseshoe Bar.

Doedd 'na ddim yfed drwy'r dydd yng Nghymru ar y pryd, ond roedd yr Alban o flaen ei hamser, y tafarndai ar agor ddydd a nos, a hogia Port heb arfer! Roedd tipyn o gefnogwyr Cymru yn yr Horseshoe, felly digon o ganu – a'r

41

Jocks yn ddigon cyfeillgar yn ein pledu ni efo cwrw nes oeddan ni'n racs.

Dwi'n cofio cyrraedd Hampden, mynd mewn i'r padog ar ochr y cae, a gweld Ken Llanbêr, ffrind newydd oeddan ni 'di'i neud ar y trên – rhywun oedd 'di bod i lefydd fel Iwgoslafia a Tsiecoslofacia i wylio Cymru'n barod. 'Yli,' medda fo, 'rydan ni yn ffau'r llewod.' Roedd ffensys yn ein gwahanu ni a'r Albanwyr o'n cwmpas, ac roedd hi'n reit anodd gweld y cae. Fyny â ni er mwyn gallu gweld yn well – roedd hi'n dipyn o stadiwm, yn fawr fel powlen, ac awyrgylch drydanol gan y dorf o 62,000. Ar ôl 37 munud mi sgoriodd Ian Rush hanner foli o ymyl y bocs, ac mi aeth ffau'r llewod yn wallgo. Roedd yr hen seti pren 'na'n brifo pan oedd rhywun yn dathlu a disgyn dros bawb, a'r Albanwyr yn flin efo ni! Duw, stwffio nhw meddwn i, mae Cymru wedi sgorio clincar o gôl oddi cartra yn fy ngêm gyntaf: doeddwn i ddim am wrando ar neb. Mi daflodd yr Alban bob dim at Gymru cyn diwedd y gêm – gan gynnwys tacl ofnadwy gan Graeme Souness ar Peter Nicholas – ond dal 'mlaen wnaeth y Crysau Cochion i ennill yn Hampden am y tro cyntaf ers 34 mlynedd.

Ar ôl y chwiban olaf 'nes i sylwi ar gyn-chwaraewyr yr Alban yn eistedd reit agos i ni, Derek Johnstone a Gordon McQueen, a chwaraewr Manchester United a Denmarc, Jesper Olsen. 'Nes i bwyntio fy mysedd at McQueen i ddangos 1-0, a Johnstone ac Olsen yn chwerthin. Ond roedd McQueen yn wallgo, ac mi driodd ddod dros y cadeiriau aton ni cyn cael ei stopio. Roedd o 'di pwdu go iawn, gan godi dau fys arnon ni ar y ffordd allan o'r cae.

Roedd fy ffrind – chwaraewr canol cae Cymru a Chelsea, Mickey Thomas – 'di deud wrtha i am drio ei weld o ar ôl y gêm, felly mi arhoson ni wrth fynedfa'r chwaraewyr. Fel oedd o wedi'i addo, mi ddaeth Mickey allan – yn ei siorts a'i sana – ac yn bwysicach, roedd ganddo fo lond crât o ganiau cwrw Tennent's i ni. Wrth i ni adael efo'r caniau mi welon ni gôl-geidwad yr Alban, Jim Leighton, yn cerdded o'r cae. Dyma ni'n ei herio fo'r holl ffordd i'r orsaf drenau – Jim druan.

'Nôl â ni ar ein pennau i'r Horseshoe tan i'r lle gau – ac yna'n syth o'r bar i ddal y trên. Pawb 'di blino a 'di meddwi, felly cysgu ar lawr yng ngherbyd y gard oedd yr ateb. Trip a hanner, a Chymru'n ennill oddi cartra. Ond nid y canlyniad oedd y peth pwysica – bod yno oedd y peth. Roeddwn i wedi cael blas, a methu aros tan y trip nesaf. Pwy 'sa'n meddwl bryd hynny y baswn i'n gwylio Cymru dros gant o weithiau oddi cartra yn y blynyddoedd oedd i ddod?

*

Er bod angen diolch yn fawr i Yncl Eifion am fynd â fi i fy ngêm Cymru gyntaf un ar y Cae Ras yn hogyn naw oed, y brawd mawr, Chris, oedd y dylanwad mwyaf arna i yn mynd i wylio Cymru. Gath Chris fynd i Anfield yn 1977, a dwi'n cofio ei glywed o'n dod adra a chael y straeon am y cwffio mawr rhwng yr Albanwyr a'r Cymry. Roedd o wedi cael y profiad o wylio Cymru oddi cartra, a finna'n hogyn 14 oed wedi gwirioni ac isio rhannu'r un profiadau.

Cyfnod o fod yn genfigennus oedd y 70au. Dwi'n cofio gwylio ar y teledu wrth i Gymru guro Hwngari yn 1975 yn y Népstadion, a sylwi ar y llifoleuadau yn plygu i lawr dros y cae, yn wahanol iawn i rai Prydain. Y ddwy gêm yn erbyn Iwgoslafia yn Zagreb a Chaerdydd y flwyddyn wedyn, a fy ffrind H yn cael mynd i dde Cymru, a finna'n eistedd ar y sgwâr yn Nhremadog yn aros iddo ddod adra i mi gael y straeon. Ges i ddechrau mynd go iawn i gemau cartra o 1979 ymlaen. I foi ifanc oedd heb fod dramor eto, roedd trip i Gaerdydd yn antur a hanner adeg hynny, bron fel mynd oddi cartra! Dwi'n cofio gêm Brasil ar Barc Ninian yn 1983, a char Huw John yn torri lawr ar gyrion Merthyr, cyn i griw arall o hogia Port ddod i'n hachub ni drwy roi tâp du ar y *tophose*! I hogyn o'r 60au oedd wedi gwirioni efo Cwpan y Byd Mecsico 1970, roedd y cyfle i wylio'r Brasilians fel breuddwyd. Roeddwn i wrth fy modd yn sbecio drwy'r ffens ar gewri fel Sócrates, Careca ac Éder. Diwrnod i'w gofio – a chael croeso mawr yn The Elephant yn Llanidloes ar y ffordd adra, tafarn oedd byth yn cau! Yn 20 oed, yfed a phêl-droed oedd popeth.

Ymlaen i 1987, a'r trip tramor cyntaf, finna 'di edrych ymlaen at deithio'r byd ers cael atlas a phrofi cyffro'r Cwpanau Byd ar y teledu – o'n i'n barod am Ewrop. Roedd Chris 'di penderfynu mai Denmarc oedd y trip i ni. Bws o Gaernarfon i Harwich, llong i Esbjerg a bws i Copenhagen, a gwneud ffrindiau oes. Mi wnes i hefyd gwrdd â fy ffrind Joern, cefnogwr Chelsea, oedd yn gwybod pa fariau oedd y rhai rhad! Colli 1-0 oedd y sgôr, a dechrau ar y siomedigaethau o weld Cymru'n colli dramor. Ond roedd yr antur fwyaf ar y ffordd adra. Hunlla o daith yng nghanol storm fis Hydref, y llong i fyny ac i lawr a phawb yn disgyn o'u gwlâu – pawb heblaw y wariars go iawn oedd yn dal wrth y bar yn meddwi. Er gwaetha'r canlyniad a gorfod parcio'r llong yn *heave to* am oriau ar Fôr y Gogledd, ro'n i'n *hooked*.

Roedd 'na rai llefydd na fasa rhywun yn mynd yn yr 80au. Fel Bucharest, o dan yr unben Nicolae Ceauşescu. Ond yn ffodus i ni, roedd chwyldro wedi bod yn Rwmania erbyn 1992, a Chris wedi gwerthu'r trip yma fel antur a hanner. Dim ond ni a gwirfoddolwyr yn mynd i helpu plant amddifad oedd ar yr awyren. Mi yfodd Sooty botel o *vodka* iddo'i hun ar y daith, ac mi wnaethon ni ei adael o'n ffraeo efo swyddogion pasbort wrth drio cael i mewn i'r wlad. Cyrraedd Constanța, a dwi erioed wedi profi'r ffasiwn dlodi. Pobl yn trio gwerthu eu plant i ni am £1.50. Y plant fel *scavengers* o dan y byrddau yn aros am fwyd, a ninnau'n diolch bo' ni wedi mynd â llwyth o *Mars bars* a chreision efo ni. Tua 120 o gefnogwyr Cymru oedd yno yn gwylio'r gêm hunllefus (oeddan ni'n colli 5-0 hanner amser), gan gynnwys Sooty, oedd wedi cael ei achub gan ddyn lleol oedd 'di mynd â fo adra i'w fwydo a'i feddwi.

Un o'r gwledydd ar fy rhestr deithio oedd Portiwgal. Wrth lwc, cafodd Cymru gêm gyfeillgar yno yn 2000, ond nid yn Lisbon na Porto ond yn Chaves – lle? Roedd Tommie's Tours – oedd 'di'i hen sefydlu erbyn hyn – ar y cês; hedfan i Lisbon, trên i Porto, a llogi car i Vila Real, tref fach neis efo cwrw rhad. Wrth lwc, cael lifft wedyn i'r gêm yn Chaves gan dad Rhys Weston, chwaraewr ifanc Arsenal oedd yn y garfan. Braint oedd cael gweld tîm Portiwgal ar dân, efo Luís Figo yn rhedeg y sioe. Un o fy hoff dripiau erioed, o gefnogwyr Portiwgal yn prynu cwrw i ni, i'r noson efo'r chwaraewyr mewn gwesty yn Vila Real ar ôl y gêm – fysa hynna ddim yn digwydd y dyddia yma!

'Dan ni'n aml yn cael gemau mewn trefi a dinasoedd ganol nunlla – Varaždin yn Croatia yn 2002 yn un arall, a finna isio mynd i stadiwm enwog Split, Stadion Poljud. Ar y trên draw i'r ddinas roedd Terry Tom yn mynnu ei fod o wedi gweld *ostrich* allan o'r ffenest, a ninnau'n chwerthin yn wallgo am ei ben o. Ers hynna dwi 'di gwglo'r peth, ac mae 'na rai yn Croatia – felly gobeithio bod Terry ddim yn darllen hwn! Ar ôl sgwrs ddifyr efo'r Bad Blue Boys, *ultras* Dinamo Zagreb, mi ddechreuon ni siarad efo cwpl o Gymru oedd yn eistedd wrth ein hymyl ni yn y bar. 'Mae gen i gefnder o Port,' meddai'r dyn, a finna yn yr ysgol efo'r cefndar wrth gwrs. Byd bach. Dwi'n dal yn ffrindiau efo Alan a Mari o Aberteifi hyd heddiw; Mari oedd un o'r merched cynta 'nes i weld yn cefnogi Cymru dramor. Mae rhai gemau yn fythgofiadwy oherwydd y nifer isel o gefnogwyr Cymru oedd yno. Dim ond tua 40 ohonon ni oedd yn Varaždin, a dim ond ni gafodd weld Simon Davies yn sgorio un o'r goliau gora erioed i Gymru, gan redeg o'r llinell hanner drwy sawl amddiffynnwr. Un o'r adegau 'mi o'n i yno'!

Mae llawer 'di newid ers fy ngêm gynta oddi cartra. Yn y dyddiau cynnar, roeddan ni'n teithio rhan fwya ar y trên ac yn cysgu mewn gorsafoedd. Pan ti'n ifanc, ti'n poeni dim. Gwylio rwtsh am flynyddoedd a chriw bach ohonon ni gefnogwyr ffyddlon yn byw mewn gobaith. Daeth y cwmnïau awyrennau wedyn i agor y byd i bob man, ac mae hi 'di bod yn fraint cael dilyn fy ngwlad i lefydd fel Azerbaijan, America, China, Macedonia a Gwlad yr Iâ. O gael ein gweld fel hwliganiaid yn yr 80au a'r 90au i gael ein hystyried yn llysgenhadon erbyn heddiw. Y newid mwyaf ydi gweld faint o ferched a theuluoedd sydd bellach ar y tripiau. Dwi 'di gweld criw Port yn newid hefyd, rhai'n dechrau teulu, rhai'n cael llond bol. Roedd hi'n bechod bod rhai o ffyddloniaid y tripiau cynhara ddim efo ni i brofi haf bythgofiadwy 2016. Ond mi oedd Ken Llanbêr yn Bordeaux – byw breuddwyd, medda fo, a bod mewn jyst un gêm yn ei fodloni am byth. I mi'n bersonol, roeddwn i'n ffodus i gael fy nau fab yno efo fi – balchder. Ella bo' fi 'di deud ambell waith mai'r nesa fydd yr ola – ond dwi'm yn meddwl allwch chi fyth ymddeol o gefnogi Cymru dramor!

Gareth Bale

Annes Glynn

24 Mawrth 2022; Cymru v. Awstria

Ei angerdd sy'n gerdd, yn gân o'r galon,
    Crefftwr goliau'r garfan,
    Gŵr, i dorf, sy'n ddraig ar dân
Ac ef yw gwaedd gwlad gyfan.

Gorau canu, cydganu

Annes Glynn

Yma o Hyd, mae eu hiaith
ar y cae yn wefr cywaith.

Cenedl bêl-droed annibynnol

Greg Caine

'LITTLE ENGLAND BEYOND Wales'. Pedwar gair doeddwn i erioed wedi eu clywed cyn i mi adael y rhan 'Seisnig' honno o dde Sir Benfro. Ond geiriau fyddai'n dod i ddiffinio fy Nghymreictod, wrth i mi gofleidio a gwrthod y syniad ar yr un pryd.

Ges i fy magu yn Saundersfoot, pentref i'r de o linell y Landsker, ffin ieithyddol a diwylliannol anweledig rhwng y gogledd Sir Benfro Cymraeg a'r de Saesneg. I'r anghyfarwydd, gwers hanes gyflym: dyw hi ddim yn glir sut cafodd y llinell hon ei llunio, ond mae'r rhan fwyaf yn cytuno iddi ymddangos yn dilyn y goncwest Normanaidd. Y gred draddodiadol yw bod y Cymry brodorol wedi eu clirio o'r ardal er mwyn i goron Lloegr symud setlwyr o Fflandrys yno, tra bod dadl fwy diweddar yn dweud fod yr ardal wedi ei Seisnigo tua'r un pryd â Dyfnaint a Chernyw. Fe wnaeth astudiaeth yn 2003 hyd yn oed ganfod nad oes bron dim gwahaniaethau genetig rhwng DNA pobl yn ne Sir Benfro a phobl yn ne-orllewin Lloegr.

Mae un peth yn sicr: mae'r ffin yn bodoli, ac mae'r gwahaniaethau ieithyddol a diwylliannol rhwng de Sir

Benfro a gweddill 'gorllewin Cymru' (gogledd Sir Benfro, Sir Gaerfyrddin a Cheredigion) yn dal yno.

Ond yn tyfu lan yn Saundersfoot, roedd fy nheulu yn Gymry i'r carn. Roedd yr hunaniaeth Gymreig yna'n rhan bwysig o fy mhlentyndod, felly pan symudais i'r gogledd o'r Landsker a mynd i'r ysgol yn Hendy-gwyn ar y ffin, roedd e'n sioc darganfod bod llawer o bobl yn meddwl amdanon ni fwy neu lai fel Saeson. Un o'r esiamplau mwyaf cofiadwy o hyn oedd pan o'n i'n chwarae rygbi yn 19 oed dros Ddinbych-y-pysgod yn erbyn Aman United, a chlywed y tîm arall yn dweud cyn y gêm bod angen 'get right into these English f**kers'. Oedd yn eironig, o ystyried bod rygbi wedi chwarae rhan mor bwysig yn fy hunaniaeth genedlaethol wrth dyfu lan.

Rhoddodd rygbi ymdeimlad o hunaniaeth Gymreig i fi a fy nheulu na fydden ni falle wedi'i deimlo mor gryf fel arall. Roedd hi wastad yn cael ei hystyried fel y 'gêm Gymreig', yn wahanol i bêl-droed: rwy'n cofio dod 'nôl o'r ysgol yn ystod Cwpan y Byd 2002, yn mynd ymlaen am y tri 'R' yn nhîm gwych Brasil (Ronaldo, Rivaldo a Ronaldinho) a chael gwybod mai 'honna yw'r gêm Seisnig – rygbi yw'r gamp i Gymru'.

Ges i fy magu ar straeon am yr awyrgylch rygbi enwog; yr anthem, y caneuon, yr hwyl. Rhai o fy atgofion cynharaf yw gwasgu mewn i stafell ffrynt Nan yn sgrechian ar y teledu yn ystod gemau'r Pum Gwlad. Ro'n i'n methu aros i fynd i gêm a chael profi'r cyfan fy hun.

Peidiwch â chamddeall: rwy'n dal i fod yn gefnogwr brwd o dîm rygbi Cymru, rwy'n caru'r gamp ei hun, ac yn dal i gredu ei bod yn chwarae rhan enfawr i lawer yn yr hyn mae'n ei olygu i fod yn Gymreig, gan gynnwys fy nheulu i. I aralleirio Elis James, 'yng Nghymru, does gennym ni ddim diwrnod sy'n cyfateb i Ddydd Sant Padrig – mae gennym ni bump'. Fel rhywun a dyfodd lan heb allu siarad prin unrhyw Gymraeg, mae chwaraeon wedi bod yn ffordd i mi gysylltu gyda fy Nghymreictod. Ond dros y blynyddoedd, mae'r profiad o wylio Cymru yn chwarae rygbi wedi mynd llai a llai ynglŷn â hynny. Ar ôl yr holl edrych ymlaen, oni bai am ambell achlysur (Cymru 30-3 Lloegr, yn un) roedd e braidd yn siomedig o safbwynt yr awyrgylch a'r hunaniaeth.

I fod yn onest, dwi ddim yn siŵr a oedd rygbi erioed yn gadarnle i Gymreictod fel roedd pobl yn ei ddweud – ac yn sicr nid i fy nghenhedlaeth i. Er ei bod hi wedi bod yn anodd dod i delerau â hynny, mae wedi gwneud y diwylliant sydd wedi esblygu ymysg cefnogwyr pêl-droed Cymru gymaint yn fwy melys.

Mewn gwirionedd, pêl-droed oedd fy nghariad cyntaf. Fy nhor calon cyntaf oedd colli yn y gemau ail gyfle yn erbyn Rwsia, a pheidio cyrraedd Euro 2004. Y diffeithwch rhyngwladol yn ystod y chwech neu saith mlynedd wedyn wnaeth fy ffurfio fel cefnogwr Cymru. Er nad oeddwn i'n cytuno gyda'r disgrifiad o bêl-droed fel y 'gêm Seisnig', 'nes i erioed feddwl amdani fel y 'gamp genedlaethol', ac yn sicr ddim yn rhywle lle allen ni ymgysylltu gyda fy hunaniaeth genedlaethol. Yn fy arddegau roeddwn i'n gwybod 'mod i'n hoffi clywed Cymraeg, canu yn Gymraeg, a mynegi balchder yn fy Nghymreictod. Ond yn anffodus, roeddwn i hefyd yn teimlo nad oedd gêm bêl-droed Cymru yn lle i wneud hynny.

Felly i mi, mae'r hyn sydd wedi datblygu dros y 10 mlynedd diwethaf yn arbennig. Dyma sut beth ro'n i'n dychmygu y byddai rygbi Cymru wrth wrando ar y straeon yn tyfu lan. Dyw canu'r anthem, cyn ac yn ystod y gêm, byth yn mynd yn ddiflas. Clywed 'Yma o Hyd' a 'Calon Lân' drosodd a throsodd, a'r holl Gymraeg chi'n ei glywed yn y sgyrsiau o'ch cwmpas.

Er bod hyn yn digwydd yn naturiol ar y cyfan, mae'r llwyfan mae Cymdeithas Bêl-droed Cymru wedi ei roi i'r iaith wedi chwarae rhan enfawr. Ddim jyst fel cyfieithiad tocenistaidd o'r Saesneg, ond fel iaith yn ei rhinwedd ei hun, rhywbeth sy'n cael ei bwysleisio yn y defnydd o 'Cymru' yn lle 'Wales'. Mae hyn wedi rhoi hyder i siaradwyr Cymraeg iaith gyntaf fod yn fwy amlwg gyda'r iaith, ond hefyd wedi golygu bod pobl – fel fi – sy'n ail-iaith neu yn dysgu, yn teimlo balchder yn y Gymraeg a pherchnogaeth drosti, rhywbeth oedd ddim wastad yn wir.

Mae'r diwylliant ehangach yn allweddol hefyd – yr hetiau bwced, y gerddoriaeth, y synnwyr digrifwch, y wleidyddiaeth. Rydyn ni'n mynegi ein hunaniaeth, ond mewn ffordd gynhwysol: gallwch chi ddod o 'Little England Beyond Wales', yn gwybod dim ond ambell frawddeg o Gymraeg, ond yn bloeddio canu 'Hen Wlad Fy Nhadau' ar bwys Angharad o Wynedd oedd yn siarad Cymraeg yn rhugl cyn iddi ddysgu gair o Saesneg.

Does unlle ble mae hyn yn fwy amlwg na Stryd Womanby ar ddiwrnod gêm. Mae'n lleoliad sy'n hanesyddol wedi bod yn ganolbwynt i fynegi'r Gymraeg drwy gerddoriaeth, ond dyma nawr yw cartref 'Cefnogwyr Pêl-droed Cymru dros Annibyniaeth', lle mae cefnogwyr sydd un ai'n cefnogi hunanlywodraeth i Gymru, neu sydd â diddordeb (yn 'indy-curious'), yn ymgasglu i ddangos eu cefnogaeth. Ers 2018 rydw i wedi bod yn gorymdeithio gyda nhw i'r stadiwm, ac yn y cyfnod hwnnw wedi'i weld e'n tyfu o'r llond llaw o'r un hen wynebau angerddol i fod yn grŵp mawr o bob cefndir. Rydw i hyd yn oed wedi gweld cwpl o fois yr un oed â fi o islaw'r Landsker.

Dyma'r profiadau wnaeth fy ysbrydoli i wneud rhaglen ddogfen – a'i henwi'n *Independent Football Nation* wrth gwrs – am y chwyldro sydd wedi digwydd ymysg cefnogwyr pêl-droed Cymru dros y degawd diwethaf. Er nad ydw i'n hoffi cofio am y golled boenus yn erbyn Gweriniaeth Iwerddon yn 2017 (ac felly'r methiant i gyrraedd Cwpan y Byd 2018), rwy'n dal i feddwl am y noson dyngedfennol honno yn Stadiwm Dinas Caerdydd fel un arbennig iawn. Nid oherwydd y canlyniad, ond oherwydd yr anthem cyn y gêm: dyma'r tro cyntaf i'r cefnogwyr ei chanu heb y gerddoriaeth yn y cefndir, dim ond yr ychydig fariau cyntaf, cyn gadael i ni gymryd drosodd gyda'r gweddill.

Roedd e'n deimlad mor arbennig i fod yn rhan o hwnna, ac yn y dyddiau ar ôl hynny ro'n i'n methu stopio gwylio'r fideo o'r darllediad teledu. Ar ôl holl hapusrwydd ac angerdd Euro 2016, fe wnaeth e ddangos i mi nad oedd momentwm y twrnament hwnnw yn rhywbeth dros dro: roedden ni wedi sefydlu diwylliant cadarn fel cefnogwyr, pawb yn canu o'r un dudalen (yn llythrennol), a doedden ni ddim yn mynd i unman.

Roeddwn i eisiau dogfennu'r ffenomen yma: mai pêl-droed Cymru oedd y lle bellach i fynegi hunaniaeth Gymreig a hynny, yn bwysicach fyth, mewn ffordd sy'n teimlo'n fodern a blaengar. Dim symbolau militaraidd, dim corau meibion, dim hetiau cowbois llachar. Mae pawb yno i wylio eu gwlad yn chwarae pêl-droed, a thrwy hynny, ddangos i'r byd pwy ydyn ni a beth 'dyn ni'n ei gynrychioli.

Ymlaen felly at fis Hydref 2021, a chyda cefnogwyr o'r diwedd yn cael mynd yn ôl i'r stadiymau, roedd y trip Wales Away cyntaf ers 2019 ar y gorwel. Doeddwn i erioed wedi bod i wylio gêm Cymru oddi cartref cyn hynny, ond roedd bron pawb wedi dweud wrtha i pa mor wych oedden nhw, ac mai dyma ble cafodd y diwylliant ei eni a'i feithrin gan aelodau mwyaf selog y Wal Goch.

Tua 10 diwrnod cyn y gêm yn erbyn y Weriniaeth Tsiec 'nes i geisio fy lwc a chynnig fy syniad i Copa 90, sianel

YouTube gyda dros filiwn o danysgrifwyr sy'n cynhyrchu rhaglenni dogfen am ddiwylliant cefnogwyr pêl-droed. Ges i dipyn o sioc, ond ro'n i wrth fy modd pan ddaethon nhw'n ôl a dweud, 'sounds great, let's do it!' Felly i ffwrdd â fi a Charlie, fy ffrind agos sy'n gwneud ffilmiau, i gasglu popeth at ei gilydd a chychwyn am Prag (cyn teithio ymlaen i Tallinn).

Ar ôl popeth ro'n i wedi ei glywed am Wales Away, ro'n i'n meddwl mai gor-ddweud oedd y cyfan. Ond ro'n i'n falch i weld ei fod e'n union fel roedd pawb wedi ei ddisgrifio! Er bod rhaid i ni gadw'r balans rhwng gwaith a mwynhad (oedd yn anoddach fyth gyda'r Pub With No Name ar agor tan chwech y bore!), fe lwyddon ni i gael popeth roedden ni ei eisiau – gan gynnwys boi gyda thatŵ o Gymru ar ei fol yn bloeddio canu 'Yma o Hyd' gyda'i ffrindiau! Mae'r rhaglen ddogfen yn adrodd y stori am sut mae dilyn pêl-droed Cymru, ar y tripiau oddi cartref yn enwedig, wedi dod yn rhan bwysig o hyrwyddo Cymreictod ac yn symbol o'n hunaniaeth genedlaethol, gyda'r Gymraeg yn ei chanol hi.

Mae'r profiadau yma wedi rhoi persbectif newydd i mi ar fy hunaniaeth Gymreig fy hun, ac wedi fy helpu i wneud synnwyr o bethau. Yn y gorffennol, bydden i weithiau'n dweud 'mod i'n dod o 'orllewin Cymru' yn hytrach na chyfaddef 'mod i o 'Little England', ond nawr, rydw i'n reit falch i ddod o islaw'r Landsker. Mae diwylliant y Wal Goch yn cynrychioli'r newid mewn agweddau tuag at hunaniaeth Gymreig, un sy'n herio'r syniad bod rhaid i chi ddod o ran benodol o Gymru, neu o gefndir penodol, i fod yn 'Gymry go iawn'. Mae'n gosod esiampl i weddill Cymru o'r hyn ddylen ni anelu ato: gwlad hyderus, gynhwysol sy'n edrych allan i'r byd.

53

Zombie Nation's base
My favourite place
Nowhere else I'd rather be
In the Red Wall
Together Stronger all
Cymru football family.

Andrew Challis, Merthyr Tudful

Yr hyn sy'n arbennig am gefnogi Cymru ydi'r ffaith bod gwlad mor fach gyda chefnogaeth mor angerddol. Wrth wylio'r chwaraewyr yn rhoi cant y cant dros y wlad a chefnogi'r bois i'r diwedd, rydych chi'n falch o fod yn Gymro.

Rhys Atkinson, Aberystwyth

Dwi wedi cael y cyfle i deithio ledled Ewrop a thu hwnt yn cefnogi Cymru, ac mae cyrraedd Cwpan y Byd yn uchafbwynt. Yn ogystal â gwylio'r pêl-droed ei hun, mae'n rhoi cyfle i Gymru ddangos ar lefel fyd-eang pa mor anhygoel ydi ein gwlad, ein hiaith a'n diwylliant, a phrofi mai ni ydi'r ffans gorau yn y byd! Erbyn hyn, mae cefnogi Cymru wedi dod yn ddigwyddiad teuluol i ni. Ers geni fy merch, sydd rŵan yn dair, 'dan ni wedi penderfynu mynd â hi i bob gêm gartref. Mae hi wrth ei bodd yn cael bod yn rhan o wefr y Wal Goch, cymryd rhan yn y chantio ac, wrth gwrs, canu 'Yma o Hyd'!

Delyth Teifi, Caerdydd

I'd been waiting all of my 64 years to see us qualify for the World Cup again. My daughter Beth was with me in the Wal Goch in the Canton when it happened. I was in bits.

Meurig Jones, Benllech, Ynys Môn

Y Wal Goch ar y we

Iolo Cheung

AR 11 MEHEFIN 2016 mae Brian Nicholas o Sir Benfro yn eistedd o flaen y teledu ac yn tynnu llun o'r olygfa o'i flaen. Ar y sgrin mae siot o grysau cochion yn gorlifo dros eisteddle'r Nouveau Stade de Bordeaux, yn dathlu buddugoliaeth Cymru dros Slofacia yn Euro 2016. Wrth bostio'r llun i Twitter mae Brian yn ychwanegu neges syml – 'The red wall'.

Mae'n bur debygol nad ydi Brian yn sylweddoli arwyddocâd hynny ar y pryd, ond mae newydd wneud cyfraniad bach i hanes pêl-droed Cymru. Dyma'r cofnod cyntaf erioed ar Twitter o'r geiriau hynny'n cael eu defnyddio i ddisgrifio'r cefnogwyr – ac o fewn mis, mae'r belen eira honno wedi troi'n gaseg. Mae Gareth Bale ei hun yn datgelu mewn cynhadledd i'r wasg yn Dinard fod y garfan bellach yn galw eu cefnogwyr yn 'Wal Goch', gan dynnu ar ysbrydoliaeth 'wal felen' enwog clwb Borussia Dortmund yn yr Almaen. Yn dilyn y fuddugoliaeth enwog dros Wlad Belg, mae'r geiriau'n cael eu trydar yn Gymraeg am y tro cyntaf, gan neb llai na chyfrif swyddogol Cymdeithas Bêl-droed Cymru, gyda galeri o luniau'r cefnogwyr. A dyna grisialu'r ddelwedd boblogaidd o'r hyn ydi'r Wal Goch; y môr o gefnogwyr swnllyd a enillodd wobr gan UEFA am eu canu a'u cenhadu draw yn Ffrainc, ac sydd wedi parhau i lenwi Stadiwm Dinas Caerdydd a sgwariau Ewropeaidd ers hynny.

Ond mewn gwirionedd, anaml mae'r llwyth yma'n ymgasglu ar eu pererindod i'r brifddinas neu ar daith i wlad dramor. Ti yno gyda nhw'n canu ac yfed yn y strydoedd, yn y stadiwm. Ac yna, adra â chdi. Y crys coch a'r het fwced yn ôl yn y cwpwrdd. Tan y tro nesa – fisoedd i ffwrdd efallai.

Neu fel 'na roedd hi'n arfer bod, beth bynnag. Achos rŵan ti 'nôl ar Twitter y diwrnod ar ôl dod adra, gan fod rhywun wedi dy dagio mewn clip o gefnogwyr Cymru yng nghanol y sgwâr, yn bloeddio canu cân newydd i'r seren 19 oed sydd newydd ennill ei gap cyntaf. Ti'n adnabod dy hun yn y cefn, yn simsanu ar dy gadair, breichiau ar led, wrth i'r fideo fynd yn feiral. Wrth fynd ar Instagram i bostio ambell lun o dy drip, ti'n sylwi bod un o'r chwaraewyr di-Gymraeg wedi sgwennu neges yn 'diolch' i'r cefnogwyr, a'r *emojis* calon yn llenwi'r *replies* yn barod. Ti 'nôl yn y gwaith y diwrnod wedyn, ond er gwaetha'r *second day hangover*, mae dy siwrne adra'n pasio cyn i ti sylwi wrth wrando ar bennod ddiweddara'r podlediad sy'n edrych 'nôl ar y gemau rhyngwladol. Y penwythnos canlynol mae 'na drafodaeth frwd ar Facebook wrth i Gymro sgorio ddwywaith yn y Bencampwriaeth – pam nad ydi o'n cael ei ddewis i'r garfan? Ydyn, mae'r cefnogwyr wedi hen adael y stadiwm, ond mae'r Wal Goch ar y we mor swnllyd ag erioed.

Ai cefnogwyr pêl-droed yn adlewyrchu bywyd modern ydi hyn felly, yr un hen sgyrsiau drwy gyfrwng newydd? Neu oes yma rywbeth mwy? Mae'n rhaid cofio mai dim ond ryw ddeg gwaith y flwyddyn mae'r tîm rhyngwladol yn chwarae; does dim defod wythnosol o gwrdd ag wynebau cyfarwydd fel sy'n dod wrth ddilyn clwb. Mae'n deg dweud felly bod cymuned cefnogwyr Cymru'n dibynnu llawer mwy ar y dulliau digidol i gynnal y diddordeb.

'Dwi'n meddwl bod cyfryngau cymdeithasol wedi helpu cefnogwyr i drefnu a dod at ei gilydd,' meddai Robyn, sydd â dros 7,000 o ddilynwyr ar ei gyfrif Twitter @walesawayfans. 'O ystyried daearyddiaeth ein gwlad ni, mae'r cyfryngau cymdeithasol wedi galluogi cefnogwyr i adeiladu rhyw fath o lais torfol, a dwi'n meddwl bod hynny wedi cael effaith ar y gefnogaeth yn y gemau.'

Mae'r farn honno'n cael ei rhannu gan Brendon, sy'n rhedeg un arall o gyfrifon poblogaidd cefnogwyr Cymru, Welsh Fan Zone TV. 'Fi'n meddwl,' meddai, 'bod y Wal Goch ar-lein yn dylanwadu ar beth sy'n digwydd yn y stadiwm mewn ffordd fawr, pan mae'n dod at ddechrau *chants* newydd, trefnu gorymdeithiau, a chlywed barn ar chwaraewyr fyddech chi ddim yn clywed gan y pyndits ar y teledu.'

Nid *admin* sy'n gor-ddweud ei ddylanwad ydi Brendon. Roedd cyfrifon cefnogwyr o'r fath yn bodoli cyn ac yn ystod Euro 2016, ond mae eu dilyniant wedi tyfu'n llawer mwy ers hynny. Yn 2018 dim ond tua 5,500 o ddilynwyr Twitter oedd gan Welsh Fan Zone TV – bedair blynedd yn ddiweddarach roedd ganddyn nhw dros 15,000. Mae nifer o gyfrifon tebyg wedi cyrraedd dilyniant pum ffigwr hefyd dros yr un cyfnod, gan ddyblu neu dreblu eu niferoedd. Ar Facebook mae'r brwdfrydedd yn cyrraedd lefelau uwch eto, a sawl un o'r tudalennau hynny'n denu dros 50,000 o ddilynwyr – digon i lenwi stadiymau Caerdydd ac Abertawe! Yn ystod wythnosau rhyngwladol maen nhw'n morio mewn cynnwys, o newyddion am y garfan i luniau a fideos o'r chwaraewyr a'r cefnogwyr. Ond rhwng y cyfnodau hynny maen nhw'n parhau yn brysur – mae 'na wastad rywbeth i'w drafod, digon o bobl sy'n awyddus i roi barn, a hyd yn oed ffrindiau newydd i'w gwneud.

'Fi'n gallu postio llun o chwaraewr sydd wedi sgorio gôl dros ei glwb, unrhyw le o'r Premier League i League Two, ac mae 'na gannoedd yn ymateb,' meddai Brendon. 'Fi'n meddwl bod hynny'n dangos cymaint o ddiddordeb sydd gan bobl mewn pêl-droed Cymru. Fi hefyd wedi cyfarfod tipyn o bobl drwy'r cyfryngau cymdeithasol fi nawr yn mynd i'r gemau gyda nhw, a fi'n meddwl bod yr un peth yn wir am lot o bobl.'

Mae un cyfrif, wrth gwrs, yn arglwyddiaethu ar y cyfan. Yn Ionawr 2018 cafodd Cymdeithas Bêl-droed Cymru'r hawliau ar gyfer enw '@Cymru' ar Twitter, a dyna bellach ydi hafan eu holl gynnwys yn ymwneud â'r timau cenedlaethol. Yn y mis cyntaf dim ond 8,000 oedd yn eu dilyn – erbyn trothwy Cwpan y Byd 2022 roedd ganddyn nhw dros 120,000 (a dros chwarter miliwn yn dilyn cyfrif mwy corfforaethol @FAWales). Nid hap a damwain oedd y dewis o enw chwaith, er bod yr enw Saesneg ar ein gwlad yn llawer mwy adnabyddus yn rhyngwladol. Mae'r cyfrif wedi bod yn rhan greiddiol o ddefnydd cynyddol y Gymdeithas o'r Gymraeg, o gyfweliadau Aaron Ramsey i'r ddau air mae pob cefnogwr yn gwybod eu hystyr bellach: 'DIWEDDARIAD CARFAN'. Mae'r prif weithredwr ers 2021, Noel Mooney, hyd yn oed yn ateb cwestiynau rhai o'r cefnogwyr o'i gyfrif ei hun, gan ddangos agosatrwydd ar y cyfryngau cymdeithasol fyddai erioed wedi digwydd o dan ei ragflaenydd, Jonathan Ford. Ac Instagram ydi'r lle i fod bellach os ydych chi am ddilyn bywydau'r chwaraewyr drwy eu lens eu hunain – popeth o'r sesiynau hyfforddi i'r cip cyntaf ar y cit diweddaraf.

Mae'r twf diweddar mewn bywiogrwydd ar-lein hefyd wedi arwain at agor y Wal Goch i gynulleidfaoedd newydd.

Gyda'r tîm wedi cyrraedd yr Ewros ddwywaith yn olynol, cyn coroni'r cyfan â lle yng Nghwpan y Byd, tydi'r diddordeb rhyngwladol ym mhêl-droed Cymru erioed wedi bod mor uchel. Mae hynny wedi'i adlewyrchu yn y dilyniant o dramor, sy'n cynnwys y diaspora Cymreig yn ogystal â rhai heb unrhyw gysylltiad blaenorol â'n gwlad. Yng Nghymru ei hun hefyd, mae'r cyfryngau cymdeithasol wedi cynnig gofod i leisiau ffres.

'Mae diwylliant y cefnogwyr wedi dod yn un cynhwysol,' meddai Robyn. 'Ac mae o'n grêt gweld grwpiau fel Wal Goch y Menywod, Rainbow Wall, ac Amar Cymru, sy'n cynrychioli carfanau o bobl fysach chi ddim fel arfer 'di'u cysylltu efo pêl-droed o'r blaen.'

Ar ôl wythnosau o waith diflino yn cynnal y brwdfrydedd ar-lein, o'r diwedd daw'r achlysuron sydd o bosib yn binacl ar y bwrlwm – y tripiau oddi cartref. Miloedd o Gymry'n meddiannu hen ddinas hanesyddol, gan gofnodi eu rhialtwch ar eu ffonau symudol, a'i bostio ar y cyfryngau cymdeithasol i ffrindiau cenfigennus 'nôl adref. Mae'r cyfrifon poblogaidd yn tynnu sylw at y cynnwys gorau, nes eich bod chi'n gallu cael blas reit gynhwysfawr o'r profiad heb orfod gadael eich soffa. Does dim rhaid aros bellach nes i'r ychydig ffyddloniaid ddychwelyd cyn cael clywed y straeon – does ryfedd felly bod y tripiau'n gynyddol boblogaidd.

'Diolch Wales Away,' meddai'r cefnogwr selog Gary Pritchard ar Twitter, yn dilyn y daith i Wrocław yng Ngwlad Pwyl fis Mehefin 2022. 'Ella nad hon ydi'r gyfrinach gymdeithasol orau yng Nghymru bellach, ond dydi hi byth yn siomi!'

Nid cynnwys gan y cefnogwyr ydi'r unig beth sy'n cydio chwaith. Mae rhai o'r momentau mwyaf eiconig yn hanes y tîm cenedlaethol yn byw am byth ar y we, diolch

i ddarlledwyr fel *Sgorio*, Sky Sports a'r BBC – hudoliaeth
Hal Robson-Kanu yn Lille; clipiau anfarwol o 'Hen Wlad
Fy Nhadau' yn ddigyfeiliant; a Dafydd Iwan yn arwain côr
mwyaf Cymru ar ôl sicrhau ein lle yng Nghwpan y Byd.
Wrth i gefnogwyr rannu'r nostalgia'n ddiddiwedd – ar ben-
blwydd yr achlysur, neu jyst fel hwb mewn cyfnod hesb
– mae'n gyfle i ail-fyw profiad y byddai miloedd oedd ddim
o flaen y teledu ar y pryd fel arall wedi ei golli.

Byddai'n hawdd dod i'r casgliad mai dim ond drych i firi
go iawn y cefnogwyr ydi'r cyfryngau cymdeithasol, atsain
o'r hyn sy'n digwydd yn naturiol beth bynnag. Ond mae 'na
elfennau creiddiol o ddiwylliant y Wal Goch na fydden nhw
erioed wedi dwyn ffrwyth yn y fford y gwnaethon nhw heb
Twitter a Facebook. Yn deyrnged deilwng i wlad y gân, mae
repertoire cefnogwyr Cymru heb ei ail – nid llawer o dimau
pêl-droed yn y byd sydd â chaneuon ar flaen eu tafod i dros
ddwsin o'u chwaraewyr, na chwaith y gallu i lenwi awr o
ganu mewn tafarn heb ailadrodd yr un dôn. Ond waeth pa
mor ddyfeisgar gyda geiriau ydi un criw o gefnogwyr, aiff
eu cân ddim yn bell iawn heb fynd yn feiral gyntaf. Tasa
ambell i wefan newyddion heb ledaenu fideo o'r 3,000 o
gefnogwyr yn dawnsio ym Mrwsel yn 2014, mae'n bosib
iawn mai atgof angof wedi'i gladdu mewn *playlist* hirfaith
fyddai 'Zombie Nation'. Mae cân cefnogwyr Cymru i Chris
Gunter wedi dod hyd yn oed yn fwy adnabyddus ers Cwpan
China 2018, yn rhannol wedi i ddwy *superfan* leol oedd yn
croesawu'r tîm yn y maes awyr ddysgu'r dôn drwy wylio
fideos ar-lein. A heb y fideos o'r canu yn nhafarn Elevens
ar noson cyrraedd Cwpan y Byd, fyddai prin neb – oni bai
am yr ychydig ddwsinau o gefnogwyr oedd yn digwydd bod
yn y cyffiniau – yn gwybod y geiriau newydd a fathodd y
chwaraewyr ar gyfer 'Waka Waka'. Ond oherwydd grym
y cyfryngau cymdeithasol, o fewn pythefnos roedd Yws

Gwynedd ar y llwyfan yn Tafwyl, a'r geiriau'n diasbedain yn ôl ato o'r dorf – 'Dan ni'n mynd i Qatar'.

Mae codi gwên yn un peth, ond mae cynhesu'r galon yn rhywbeth arall. Chwe diwrnod wedi'r fuddugoliaeth yn erbyn Wcráin, mae Cymru'n chwarae Gwlad Belg yng Nghaerdydd. Mae Mike Hancock yn mynd â'i fab Joe, sydd mewn cadair olwyn, i'w gêm gyntaf. Y tu allan i dafarn y City Arms mae Joe yn canfod ei hun yng nghanol torf o gefnogwyr Cymru, sy'n dechrau canu cân Chris Gunter – ac maen nhw'n troi eu 'sha la las' i gyd i'w gyfeiriad o, gan adeiladu'n gresendo o gytgan o'i gwmpas. Mae Mike yn trydar y fideo yn llawn balchder, ac o fewn dim mae'r clip wedi ei wylio dros 250,000 o weithiau, ar ôl cael ei rannu gan gyfrif swyddogol FIFA i'w 15 miliwn o ddilynwyr.

Dydi cefnogwyr pêl-droed ddim wastad yn cael eu portreadu'n ffafriol. Ond dro ar ôl tro, mae'r Wal Goch ar y we yn amlygu ochr bositif cefnogwyr Cymru, a dro ar ôl tro, mae'n ddarlun bywiog, ffraeth a chroesawgar.

'Mae'r cefnogwyr wedi chwarae rhan fawr yn y llwyddiant diweddar, fel mae rhai o'r chwaraewyr eu hunain wedi cyfeirio ato,' meddai Brendon. 'Mae'n hawdd i fi ddweud hyn, ond fi'n meddwl mai diwylliant pêl-droed Cymru yw'r gorau yn y byd.'

Gareth Bale kicks a ball

Sarah McCreadie

For Brian Phillips

Gareth Bale kicks a ball like it has his name tattooed on its body

Gareth Bale kicks a ball like they're at the back of the bus holding hands

Gareth Bale kicks a ball like they're dancing in the light of a lamppost in midnight Venice

Gareth Bale kicks a ball like he can't fight this feeling anymore and he's forgotten what he started fighting for and it's time to bring this ship into the shore and throw away the oars forever

Gareth Bale kicks a ball like he's Danny Zuko

Gareth Bale kicks a ball like it is coming down the stairs slow-motion in a gown

Gareth Bale kicks a ball like Romeo, take him somewhere you can be alone, he'll be waiting, all there's left to do is run, you'll be the prince and he'll be the princess, it's a love story, baby, just say, 'Yes'

Gareth Bale kicks the ball like it wants the moon and if it just said the word, he'd throw a lasso on the moon and pull it down

Gareth Bale kicks a ball like it's cold and he gives it his jumper

Gareth Bale kicks a ball

#WalesAway: Trafod rhywedd a chenedl ymysg cefnogwyr oddi cartref yn yr Ewros a thu hwnt

Penny Miles

A HWYTHAU'N AML yn cael eu disgrifio fel 'stag do', mae cysylltiadau Wales Away â chefnogwyr gwrywaidd, yfed alcohol a gweithgareddau eraill mwy tabŵ yn awgrymu bod lle menywod yn y gofod hwn yn gymharol gyfyngedig, efallai. Yn wir, o arsylwi ar wyth gêm oddi cartref rhwng 2016 a 2018, roedd ceisio canfod cefnogwyr benywaidd yn yr eisteddleoedd ac ar y strydoedd, ar adegau, yn dipyn o ymdrech. O ddarllen fy nodiadau o'r cyfnod, ysgrifennais 'mod i ddim ond wedi canfod llond llaw o fenywod yn y rhesi o'm blaen, ac yn hynny o beth mae Stadion Rajko Mitić, Serbia, yn ystod haf 2017 yn dod i'r meddwl. Yn Nenmarc ym mis Medi 2018, roeddwn i wedi cynhyrfu'n lân yn gweld grŵp o fenywod yn teithio gyda'i gilydd am yr eildro yn unig ers gêm Awstria, bron i flwyddyn ynghynt. Yn wir, mae'r cyfranogwyr fu'n rhan o fy ymchwil wedi nodi cyfrifoldebau gofalu (plant a rhieni), diffyg incwm i'w

Y Wal Goch yn Baku
ar gyfer Euro 2020
(yn 2021)

Ffion Eluned (canol
top) gyda Marged,
Dafydd, Miriam, Ffraid,
Mared, Llio ac Alaw yn
Tbilisi, Georgia 2017

Ffion Eluned ac Iolo Cheung yn dathlu
gôl Joniesta ar ôl teithio dros 12 awr i
gyrraedd Wrocław yn 2022

Ar Ben y Byd: Cymru 1-0 Wcráin, Stadiwm
Dinas Caerdydd, 5 Mehefin 2022

Y criw dewr aeth i Tbilisi, Georgia yn 1994: gweler tudalen 19

Meilyr Emrys (chwith), Brett Johns, Ynyr Griffiths (cefn), Ywain Gwynedd ac Emyr Davies yn Aarhus, Denmarc 2018

Bryn Law (chwith) yn dathlu buddugoliaeth 0-1 i Gymru yn Limassol, Cyprus 1992

Bryn Law (yn ei *bucket hat*) gyda rhai o wynebau cyfarwydd y sin roc Gymraeg ym Mharis 2016

Rhys Iorwerth

Rhian, Bryn, Cadi a Nansi yn Euro 2016

Rhian Angharad a'i brawd Gareth yng nghrysau eu tad, cyn-golwr Cymru, Dai Davies

Criw Port yn cyrraedd Denmarc yn 1987: (cefn) Catch, Tommie Collins, H, Tex, Sharkey, (blaen) Kippax, Sooty, Chris, Gary

Tommie Collins (mewn glas) gyda'i frawd Chris (ar y chwith), ei feibion Ryan a Brad a'i nai Andy (cefn) yn Bordeaux 2016

Llion Jones (canol) a dau o'i blant, Cadi a Carwyn, yn Lille 2016 yng nghanol y Belgiaid

Greg Caine â'i gamera

Greg Caine (mewn gwyn), Charlie Phillips (3ydd o'r chwith) a rhai o fois Sir Benfro – Jack, Cameron, Ben ac Elliott – yn Wrocław 2022

Stryd Womanby Caerdydd ar ddiwrnod gêm
(Llun Osian Roberts, Llannerch-y-medd)

Criw Iolo Cheung (top Cymru cefn), fu'n mynd ar Wales Away ers eu dyddiau coleg yn Aberystwyth

Sarah McCreadie gyda'i llyfr sticeri Panini

Penny Miles

Fez Watkins a'r Barry Horns ar ddiwedd gêm Wcráin

Gwennan Harries yn ei hoff git Cymru erioed

Sage Todz

Dylan Ebenezer, Gwennan Harries a Sioned Dafydd

Daf Prys, Garmon Ceiro, Elis James, Dylan Griffiths, Gary Pritchard a Siôn England yn dathlu yn Toulouse 2016

David Collins a Kieffer Moore

Yma o Hyd: Dafydd Iwan a thîm Cymru yn morio canu wedi'r fuddugoliaeth yn erbyn Wcráin
(Hawlfraint: Cymdeithas Bêl-droed Cymru)

Gorfoledd pur: Y Wal Goch a'r chwaraewyr yn dathlu cyrraedd Cwpan y Byd
(Hawlfraint: Cymdeithas Bêl-droed Cymru)

Andrew Parker, Colin Barker a Huw Price-Jones o'r Groeslon yn Belgrade, Serbia 2017

Caleb Grove o Waunfawr

Angharad Walters gyda'i thad Steve a'i meibion Louis a Rhys

Andrew Challis o Ferthyr Tudful

Ioan a Delyth Teifi a'u merch Cadi Gwenllian

Jane Henlyn Roberts o Landudno

Mali Llyfni a Begw Elain o Ddyffryn Nantlle

Lois Williams ac Imran Rassid o Fethesda yn Baku 2021

Rhys Atkinson ac Ellie Hayward yn Rotterdam 2022

Rhodri Phillips a'i ferch Mared o Ystradgynlais

Ziggy Niblett a'i bartner Gemma ym Mrwsel 2022

Kerrin a Lauren McNie o Lantrisant ym Mhrag 2021

Siriol Teifi a'i theulu yn Euro 2016

Elgan, Dylan a Mared o Waunfawr yn Wrocław 2022

Haley, Ian, Alun, Caerwyn, Steve a Mike yn Rotterdam 2022

Criw Elis Annett o Gaerdydd

Rhodri, Iwan, Huw, David a Dylan o Gaerfyrddin yn Wrocław 2022

Aled, Emyr, Bryan, Kevin a Hywyn o Lanrug ym Mharis 2016

Caleb, Moi, Osian, Now, Gwilym a Llew o Gaerfyrddin ac Aberystwyth gyda Dafydd Iwan

Chris, Daniel, Meilir, Llew, Siôn H, Siôn J a Cai o Ddyffryn Nantlle

Criw Aberteifi yn Israel 2015

Beth Jones o Fenllech yn dathlu cyrraedd Cwpan y Byd

Cadan, Morgan, Joshua, Mabon, Aled a Dylan yn Stadiwm Dinas Caerdydd

Arwel, Siân a Tomos Owen o Borthmadog yn Lyon 2016

Ethan Shide, o'r Coed Duon, yn Baku 2021

Ceri Wyn, Y Felinheli; Alan Hughes, Llandwrog; Siân Eleri, Caernarfon; Elen Gwenllïan, Y Felinheli

Hari Emrys, yn ei gêm gyntaf 11 Mehefin 2022 gyda'i dad, Dai Jones

Lowri, Elliw ac Osian Bulman o Gaerdydd

Dafydd Duggan ac Eilir Huws yn Rotterdam 2022

Tomos, Sean, Dylan, Gareth ac Ynyr yn Tallinn 2021

Erfyl, Ken, Ceredig, Siôn, Geraint ac Ynyr ym Mrwsel 2022

Olivia o Gaerdydd yn ei gêm gyntaf

Nick, Tim Evans, Chester, Perry a Tim Hartley aeth i bob un o gemau Cymru yn Euro 2020

Craig Redmore o Gasnewydd

Paul Godding a'i deulu yn cefnogi tîm y menywod

Owen, Dave a Rhys o Gaerdydd yn heulwen Zagreb 2019

Huw a Laura Jones o Lanymddyfri a Phen-y-bont yn Baku 2021

Merched Ystradgynlais yn cefnogi tîm y menywod

Bryn Williams o'r Groeslon

Penarth Bluebirds yn yr Iseldiroedd 2022

wario, ac ofn yr awyrgylch 'stag do'[1] a grybwyllwyd uchod, fel rhesymau pam nad ydynt yn teithio. Fodd bynnag, mae'r 17 cyfweliad manwl a wnes i gyda chefnogwyr sydd wedi teithio oddi cartref gyda Chymru hefyd yn datgelu darlun mwy cymhleth i gefnogwyr benywaidd.[2] Yn yr erthygl hon byddaf yn edrych ar groestoriadau rhywedd a chenedl drwy archwilio profiadau menywod o wylio tîm cenedlaethol y dynion o Euro 2016 ymlaen.

Mae rhoi llwyfan i lais benywaidd mewn cyd-destun sydd wedi'i adeiladu'n hanesyddol fel gofod cymdeithasol-ddiwylliannol gwrywaidd yn ymdrech bwysig ynddo'i hun. Mae darluniau gweledol, tystiolaeth lafar a'r sylw a rydd y cyfryngau i ddilynwyr Cymru wedi canolbwyntio ar y *male gaze*, ac o ganlyniad yn ei sefydlu fel ffandom i 'ddynion'. Yn ychwanegol at hyn, bron yn ddiwahân, fe soniodd y cefnogwyr benywaidd a fu'n rhan o'r astudiaeth hon am eu 'harallrwydd' yn sgil gorfod derbyn cwestiynau am eu presenoldeb mewn gemau a/neu gwestiynau am eu harbenigedd ynghylch pêl-droed ar ryw adeg yn ystod eu cyfnod fel cefnogwyr. Meddai un cyfranogwr wrth gofio'n ôl i gêm Azerbaijan, 2019:

> This guy next to me was doing my head in. In the end, I had to swap seats with my dad, because he was like 'What are you doing 'yer [here], I bet you've never been to a football match before. You don't know anything about football…' (5 Ionawr 2021).

---

[1] Yr ofn yw y byddant yn cael eu haflonyddu'n rhywiol, ar lafar neu'n gorfforol, mewn awyrgylch o'r fath, ac maent yn gweld eu hunain fel lleiafrif 'arall' i bresenoldeb y mwyafrif o ddynion ac yn canfod eu hunain yn ystyried goblygiadau hynny.

[2] Cynhaliwyd cyfweliadau â chefnogwyr benywaidd rhwng Rhagfyr 2020 a Gorffennaf 2021 yn bennaf, gydag un cyfweliad yn cael ei gynnal ym mis Hydref 2018, fel rhan o astudiaeth ehangach ar rywedd, pêl-droed a chenedl yng Nghymru.

Er gwaetha'r ffaith ei bod hi'n meddwl ei fod o'n 'trying to do it in a more of a jokey way', roedd hi'n dal i deimlo bod rhaid iddi symud. Aeth yn ei blaen i ddweud iddi deimlo wedi ei bychanu ac meddai, 'Just because you're a man, it doesn't mean that you can assume that you know more than me, or assume that this is the first time that I've been to a football match' (5 Ionawr 2021).

Mae'r paragraffau sy'n dilyn yn archwilio sut mae menywod yn ymgorffori ac yn lleisio profiadau cyffredin i ddilynwyr gwrywaidd tîm pêl-droed Cymru – cofio poen y gorffennol, defodau cyffelyb, anghrediniaeth lawen yn wyneb llwyddiant 2016. Ond maent hefyd yn sôn am deulu, beichiogrwydd a rhyngweithio cadarnhaol â chefnogwyr timau eraill; themâu nad ydynt yn ymddangos cyn amled yn y llenyddiaeth ehangach am ddilynwyr Cymru.

I'r rhai oedd yn dilyn Cymru yn yr 1990au, mae gêm Cymru v. Rwmania 1993 a methu â chyrraedd Cwpan y Byd yn sefyll allan fel symbol o'r boen o ddilyn tîm pêl-droed rhyngwladol y dynion, fel y dywed un cyfranogwr:

> I was 12 or 13... and I can just see that penalty now. I can just see him stepping up for that penalty and missing it, and just hearing my dad do the biggest groan he's ever done, and he's like 'Oh my god, I can't believe it, not again' (14 Rhagfyr 2020).

Gellir clywed y tristwch yn ei llais wrth iddi gofio'n ôl. I'r rhai ddaeth yn gefnogwyr yn y blynyddoedd diweddarach, mae'r awyrgylch llwm a nodweddai'r 2000au cynnar ym mhrifddinas Cymru yn glir iawn yn eu hatgofion.

Mae pwysigrwydd Pencampwriaeth Ewrop 2016, o ran helpu i newid naratif cefnogwyr Cymru o un o boen i un o ddathlu, yn dechrau ymddangos o ddifrif wrth gofio gêm gyntaf yr Ewros: Cymru yn erbyn Slofacia yn Bordeaux (11 Mehefin 2016). Y consenswn ymhlith y rhai a gyfwelwyd oedd y byddai dim ond un gôl wedi bod yn ddigon i warantu twrnament llwyddiannus i'r rheini ohonom oedd â disgwyliadau mor isel. Wrth gwrs, mae'r disgwyliadau wedi codi bellach, ond roedd hunaniaeth pêl-droed Cymru yn 2016 yn dirwedd hollol wahanol. Roedd diffyg hyder yn nodwedd fythol bresennol, fel y mae un cefnogwr yn ei nodi isod wrth drafod sut y gallai hwn fod yn brofiad unwaith mewn oes:

> We got on a tram and it was full of Welsh people, lots of singing and lots of fun... We got there really early... We might never come again, we'd better get there early, we'd better make sure we're in, we're ready (7 Ionawr 2021).

Ond roedd y teimlad hwnnw yn cyd-fynd â llawenydd pur o allu profi twrnament pêl-droed am y tro cyntaf fel oedolion:

> I can't believe that I'm at a football game and Wales are at a tournament and there's children dancing for Wales... It's something you don't see for Wales. And then them playing 'Zombie Nation' and things like that, so I was like OMG, Wales have got A SONG [her emphasis] that they play before the game (5 Ionawr 2021).

> I remember speaking to my mum from inside the stadium and she was saying, 'What's it like?' and I was saying, 'It's unbelievable, there's just people crying everywhere, because it was so emotional being there before the match and just the realisation that we're actually here, we've actually made it' (7 Ionawr 2021).

Roedd taith un cyfranogwr yn arbennig o ddiddorol o safbwynt rhywedd gwylio pêl-droed fel cefnogwr. Nid yn unig ei bod hi bum mis yn feichiog, ac yn fam i blentyn dwyflwydd oed, bu'n rhaid iddi hefyd ddioddef fersiynau amlieithog o *Peppa Pig* ar ei thaith o amgylch Ffrainc. Wrth amrywio ein straeon o amgylch dilynwyr Cymru oddi cartref, gallwn fyfyrio ar seiliau gwrywaidd y Wal Goch a'u herio, trwy amlygu'r ffyrdd lluosog y mae'r dilynwyr yn bodoli o'i mewn:

> I'm a massive, big Wales fan. I've always gone to Wales games and I've never considered not going... But I was five months pregnant, and my mum back home was having kittens... 'You can't go on your own when you're five months pregnant.' But I was determined, I'd been waiting all my life for this to happen... I forgot the fact I was a woman on my own and heavily pregnant (29 Ionawr 2021).

Euro 2016 oedd blas cyntaf Cymru ar dwrnament pêl-droed rhyngwladol yn y degawdau diwethaf, a'r cyntaf yn oes globaleiddio, lle roedd cywasgu amser a gofod (Bauman, 1999) wedi cynnig profiad rhyngddiwylliannol gwell o'i gymharu â'r profiad blaenorol yn 1958. O ganlyniad, roedd blas cyntaf y cefnogwyr o ryngweithio aml-genedl yn elfen a oedd yn cael ei dathlu'n fawr ymhlith y rhai a oedd yn cael eu cyfweld, fel y crynhodd un cyfranogwr:

> We went to every fan zone... and it was just amazing how different fans from different countries would mix with each other. We had loads of people coming up to us, 'Oh, Gareth Bale'... Getting to know people from different countries, from different cultures was really cool... I think that's one of the biggest things that stands out for me in football in general, how it brings people together, [people] you wouldn't expect to have a connection with in any other way (30 Rhagfyr 2020).

Yn ddiddorol, amlygwyd profiadau cyffelyb o gêm Lloegr (Lens, 16 Mehefin 2016). Cafodd stereoteipiau o gefnogwyr Lloegr eu chwalu i bob pwrpas yn sgil straeon teimladwy am eu cefnogaeth a'u hempathi yn sgil ein colled. Mae syniadau o genedl wedi'u gwreiddio'n ddwfn (ac yn artiffisial) mewn pêl-droed rhyngwladol, ac nid yw'r rhain yn fwy llym yn unman nag yn y dehongliad o'r 'arall' Seisnig wrth i ni osod ein 'imagined [football] community' (Anderson, 2006; Hobsbawm, 1990; Johnes, 2008) yn erbyn eu cymuned nhw. Roedd profiadau'r cyfranogwyr yn sicr yn mynd yn groes i bortreadau'r cyfryngau o ymddygiad treisgar gan gefnogwyr Lloegr:

> I would say that the actual fans that went to the ground were really good, and they were really understanding that we'd lost. They were coming up to us and saying 'Oh, you must be gutted'… My abiding memories of the England match are just a bit of chaos in Lille itself [where she stayed], but then the fans that were in Lens were just totally different (7 Ionawr 2021).

Er gwaethaf y cysyniad fod cenedligrwydd yn dibynnu ar 'powerful constructions of gender' fel y dadleua McClintock (1993, 61), efallai fod cenedligrwydd, iaith a dwyieithrwydd yn ffactorau sy'n uno ar draws y rhaniad rhwng y rhywiau ymysg cefnogwyr Cymru, fel y mynegodd y cefnogwyr y bûm yn eu cyfweld ar gyfer yr astudiaeth hon. Mae balchder yn y Gymraeg, a dathliad o'r gofod dwyieithog y mae teithiau oddi cartref yn eu hymgorffori, yn cyflwyno iaith fel prif echel cynhwysiant yn y gofodau hynny. Roedd siaradwyr iaith gyntaf ac ail-iaith fel ei gilydd yn hael eu canmoliaeth i'r defnydd naturiol a wnaed o'r Gymraeg gan Gymdeithas Bêl-droed Cymru. Fel y nododd un cefnogwr Cymraeg iaith gyntaf, 'And then you realise… Twitter… OMG the FAW are TWEETING in WELSH [her emphasis]… and it's just a whole, completely extraordinary revelation' (19 Rhagfyr 2020).

Roedd sefydlu Cymru fel cenedl yng ngolwg y byd rhyngwladol yn ganlyniad hynod arwyddocaol i dwrnament pêl-droed mawr cyntaf Cymru ers 58 mlynedd. Cafodd hyn ei ailadrodd bron yn unfrydol ymhlith y cyfranogwyr, gyda dau gefnogwr yn nodi isod yr hyn y mae cydnabod Cymru fel gwlad yn ei olygu iddyn nhw:

> I think it's really had a positive impact on Wales as a country and it's something to be really, really proud of as a whole (30 Rhagfyr 2020).

> After the last match... we went to Brittany, and the flag on the campervan, people knew about Wales. It's taken a lifetime for anything like that to happen (19 Rhagfyr 2020).

Er nad yw'n syndod mai iaith a hunaniaeth Gymreig yw'r prif ffactorau wrth uno'r rhywiau, gan fod arferion diwylliannol gwrywaidd yn drech,[3] byddwn yn dadlau nad cynhwysiant ar sail rhyw yn unig sydd angen ei archwilio ymhellach yn y gofodau hyn ond syniadau ehangach yn ymwneud â pherthyn, pêl-droed a chenedl hefyd. Fel y dadleua Thomson yn huawdl:

> This sense that nationalism is a masculine terrain in which women have little agency is also seen in the difficulties that female voices and feminist demands have when attempting to be incorporated within nationalist identity or struggles. Women's rights are often understood to be second in line to the bigger picture of national struggles (2020: 4-5).

Os mai chwaraeon yw un o'r prif ddulliau o ymgorffori a

---

[3] Er enghraifft, un arfer a oedd yn cael ei herio gan gyfranogwyr oedd rhai o'r siantiau â *sexualised underpinnings* a glywid mewn gemau Cymru.

phrofi hunaniaeth genedlaethol Gymreig, wrth feddwl am sut mae syniadau Thomson yn cael eu trosi yn nhermau cefnogwyr pêl-droed, rhaid cofio nad o amgylch profiad y dynion yn unig y mae'r Wal Goch wedi'i hadeiladu, ond hefyd o amgylch gwynder (a bod yn hetro, yn cis-normadol, yn abl, ac yn y blaen). Mae'r nifer cymharol fach o bobl nad ydynt yn wyn yn y torfeydd gartref yn lleihau'n sylweddol mewn gemau oddi cartref. O ystyried bod tîm cenedlaethol y dynion yn chwarae pêl-droed yn ninas fwyaf demograffig amrywiol Cymru o ran hil ac ethnigrwydd, mae hyn yn parhau i fod yn broblem.

Yn yr un modd, bydd Cwpan y Byd Qatar yn cael ei gynnal heb gyfranogiad y Rainbow Wall, grŵp cefnogwyr LHDTC+ Cymru. Er bod y bennod hon yn ceisio dathlu cyfranogiad menywod ymysg cefnogwyr Cymru, mae hefyd yn galw am fwy o fyfyrio beirniadol ar yr absenoldebau sy'n parhau o fewn y gofodau hynny. Mae ehangu ein profiadau a'n dealltwriaeth weledol a thystiolaethol o'r hyn sy'n gyfystyr â chenedl a pherthyn ymysg cefnogwyr Cymru yn bwysig, nid yn unig yng nghyd-destun chwaraeon, ond hefyd mewn cyd-destun cymdeithasol ehangach. Yn sicr, bydd y twf cynyddol diweddar yn nifer cefnogwyr tîm cenedlaethol y menywod yn cynnig mewnwelediadau cymharol bwysig o ran ffurfiadau rhywedd cefnogwyr a hunaniaeth genedlaethol yng nghyd-destun pêl-droed cenedlaethol Cymru.

Llyfryddiaeth

Anderson, Benedict (2006) *Imagined Communities: Reflections on the Origins and Spread of Nationalism. Revised Edition.* London: Verso.

Bauman, Zygmunt (1999) *Globalization: The Human Consequences*. Cambridge: Polity.

Hobsbawm, Eric (1990) *Nations and Nationalism since 1780*. Cambridge: Cambridge University Press.

Johnes, Martin (2008) 'We Hate England! We Hate England? National Identity and Anti-Englishness in Welsh Soccer Fan Culture', *Cycnos*, 25 (2).

McClintock, Anne (1993) 'Family Feuds: Gender, Nationalism and the Family', *Feminist Review*, 44 (1): 61-80.

Thomson, Jennifer (2020) 'Gender and Nationalism', *Nationalities Papers*, Vol. 48 (1): 3-11.

Mae'r Wal Goch ac angerdd at fy ngwlad
yn golygu popeth i fi fel Cymro wrth i mi ganu'r anthem,
'Yma o Hyd' a dawnsio i 'Zombie Nation'!

Rhodri Wyn Phillips, Ystradgynlais

Wales Away is family – there is no other way to describe it.
We really do have a committed and passionate fan family.
I started out on Wales Away trips by going to Austria with a few
mates from home, and then continued on to several solo away
trips (Wales Away fans make solo travelling so easy!), now to be
joined by my partner, Gemma (who couldn't quite understand
Wales Away when she met me but is now also hooked).
I'm really buzzing to see Wales take the World Cup by storm in
November. I'm actually travelling to Qatar with a group of away
friends that I met on a trip to Azerbaijan for Euro 2020! Next year
Gemma and I can bring along Wales Away's newest member,
our first baby who is due in January. My favourite part of Wales
Away (and it's hard to beat the spine-tingling singing) has to
be playing in the fans' game that is played vs the host country's
fans team – I can finally get to say I play for Wales!

Ziggy Niblett, Caer-went

Mae cefnogi Cymru yn y byd pêl-droed yn brofiad anhygoel.
Nid yn unig o achos y gemau a'r bwrlwm a'r pêl-droed ei hun
ond o achos beth mae'r holl beth yn ei gynrychioli. Cariad
at Gymru. Cariad at ein gwlad, ein hiaith a'n diwylliant. Mae
Cymru yn cyrraedd Cwpan y Byd yn gyfle i ni ddangos ac i
frolio ein gwlad anhygoel ni i weddill y byd. Mae'r chwaraewyr
yn cynrychioli pob un ohonom ni Gymry ar y cae, ac allen i
ddim meddwl am gynrychiolwyr gwell.

Siriol Teifi Edwards, Caerfyrddin

Heddwch

Fez Watkins

No 'Hal, Robson, Hal Robson Kanu'.
No 'Can't Take My Eyes Off You'.
No 'Give Me Hope, Joe Allen'.
No 'Zombie Nation'.
No 'Ain't Nobody'.
No 'No Limit'.
No nothing.
All I want is one thing. Silence.

It's the second half of our era-defining playoff final against Ukraine. Time is standing still. Somehow we lead, entirely against the run of play, via a gift-wrapped Andriy Yarmolenko diving header. All that needs to happen between now and the full-time whistle, qualification for the World Cup and hence COMPLETE HAPPINESS FOR THE REST OUR LIVES, is absolutely zero. No twists, no turns, no handballs, no cards, no pens, no streakers, no surprises, no floodlight failures.

And certainly no interventions from brass bands, thank you very much.

My polite cease-and-desist instructions to my Barry Horns bandmates have fallen on deaf ears. I'm forced to play brass instrument whac-a-mole. From my perfect vantage point on the purpose-built scaffold, the 'Tower of Power', I have one eye on the game and four on the horns that, much to my annoyance, persist in piping up with attempts to rouse the Red Wall into song. But at this delicate moment in the history of Welsh football, it seems to me that any tempting of fate must be stopped instantly. I am willing to fight any band member who disagrees.

'We need to gee up the crowd, they're nervous,' says one bandmate.

'Do we fuck?!' I respond – perhaps undiplomatically. This is not the time to be goading the referee with the theme from *The Bill*, mocking injured players with ambulance sirens or greeting the opposition's wayward efforts at goal with donkey noises (produced by half pushing down valves while neighing into an instrument's mouthpiece). The last thing I want this band to be remembered for is for having struck up 'Ghostbusters' the second Zinchenko slammed home a 40-yard equaliser.

The way I see it is this: we just need a little *heddwch* amid the psychosis. The crowd *is* quiet. But I can only hear one thing.

It's a noise from 1993: Paul Bodin's penalty crashing off the crossbar above the Romanian goalkeeper's head. The sound reverberates across time from my parents' living room. And there's the sound, too, of my uncle's words: 'goalie saved it, goalie saved it, goalie saved it...'

No. The goalie didn't save it. In fact, in this crucifying moment in Welsh football history, nailed into my consciousness on the 17th of November 1993, nobody was saved. We were damned to misery forever.

Right?

I was raised in an interfaith home. On one side there

was my mother's austere, joyless devotion to Calvinist Christianity. On the other, my father's austere, joyless devotion to Welsh football. In my young mind, the doom-laden atmosphere of the two were somehow mixed together. And in the 90s, boy, did things get austere. Apologies to fellow PTSD sufferers, but to understand the present we have to know where we've come from. And, for Welsh football fans of my generation, where we come from is the ashes of 1993's Hindenburg-scale failure.

It's a cold, dark, damp morning. 13-year-old me is kneeling on the driveway of an Edwardian semi on his morning paper round, the sports section of *The Western Mail* strewn like wallpaper over the freshly tarmacked driveway. With my knees and Thinsulate-gloved hands I pin the pages down: 'BIG GAME COUNTDOWN – 4 DAYS TO GO!' Simply glancing at the words sends a pang of adrenaline through my bloodstream.

The pang turns to panic as the front door opens. Who on earth is even awake at 6am? Ah... old people. Of course. Nothing to do, but up at the crack of dawn to do it. A 6ft septuagenarian looks down at me. Hair is coming out of his ears. I estimate he's about a hundred and forty years old, give or take. I fumble the broadsheets back together and, wincing, hand him something more reminiscent of last night's Caroline Street chip wrappers than today's news. He looks at me with renewed disdain upon receipt of this shit sandwich. I level my Raleigh Mustang and disappear.

The week on TV is brought to us by *Red Dwarf*, Andy Williams and swinging golf clubs. Everyone in the playground is doing it. Even the plastics who normally support England are now recreating Rushie, Sparky and Deano in glorious slow motion thanks to the BBC Wales promo that's on heavy rotation. As we grind inexorably towards Judgement Day or, more specifically, Judgement Night, I am reminded by my father (recently traumatised by my fits of tears following the 2-2 Czech draw): 'Stiff upper lip tonight, son.'

Judgement Night arrives. My two uncles file in through our corridor, pallid with anxiety and Lambert & Butler smoke. A little later, and a lot more cheerfully, Dad's workmate saunters in. He's English so tonight there's technically nothing at stake for him. (Deliciously, they've already blown qualification so their match against San Marino is a dead rubber.) We take our seats to watch fate unfold in a very 90s living room on a 70s television set that buzzes like a fridge.

The anthems begin and the camera tracks tightly on our midfield enforcer. He could have learned something from that move.

'Barry means business,' says Dad. 'Hasn't had a shave, has he?'

Kick off arrives. And it's not long until the wheels begin to fall off.

'Here we go, defending like the fucking Ant Hill Mob again.'

'Can't string two passes together, mun.'

News filters through of a San Marino opener against England after 8 seconds, which releases a supreme hit of *Sais* schadenfreude, but the joy is short-lived. Fear takes hold.

Gheorghe Hagi, feet laced with poetry and a nickname to match – 'The Maradona of Carpathia' – collects possession in midfield and, afforded too much space by the real Barry Horne, potshots tamely.

My heart shatters into a thousand little pieces.

'How the fuck can he score from there?!' yells one incensed uncle.

'He wears size four boots for fuck's sake!' adds the other.

My father, meanwhile, has left the room. Loud bangs are audible from the next room.

We score a deserved equaliser in a rejuvenated second half and rally for a winner. Gary Speed – the handsomest man in the stadium, and perhaps the world – is tripped in the box by a baby-faced Dan Petrescu. The ref points to the spot.

You know what happens next.

Someone shakes my arm and I'm back in 2022. The lights of the Cardiff City Stadium jumbotron come into focus: 87 minutes 34 seconds.

'QUICK HARLECH, FEZ?' shouts one of my bandmates. 'COME ON!'

I can barely breathe, let alone play. But I say: 'Er, ok then.'

I put my trumpet to my lips, cold from inaction, and barely mime while the others do the work.

The deeper we venture into this second half, and closer we get to the dream, the deeper I think the wound will be when the prize is stolen away. After all, we've been here so many times before. I count my blessings that I'm only old enough to have the second-hand scars of '76, '77 and '85. Brave Wales. The nearly men. The deserved-so-much-more men. The And-Wales-Beat-The-World-Champions-Midweek-But-Here's-A-Special-Feature-From-The-England-Camp-Gary-Roll-VT men.

89 minutes 22 seconds. 23... 24... 25... I wonder if it's possible to believe. I feel bad for the away end with the unimaginable pain their nation is suffering. But I want this

so much. We all do, as we wait and wait, 64 years and still waiting. Tick followed tock followed tick followed...

The referee raises *his* silver instrument to his lips. The sound that blows out of it is the cleanest, most heavenly one ever to reach my ears.

Now the noise *can* begin.

'WE'VE FUCKING DONE IT WE'VE FUCKING DONE IT WE'VE FUCKING DONE IT!'

Tinnitus-inducing screams from point blank range. Turn everything up to eleven, because – never mind the doubting Thomases among us – these eleven men have wrought our salvation.

This is the power and the glory.

This is amazing grace.

This is 'Bread of Heaven'.

This is the rapture we've been praying for.

'This is Wales' blares from the PA.

This is... real?

O HYD

Sage Todz ft. Marino

'THE FAW AND Cymru National Teams are so important to the country. When footballers go out there and represent the country it is more than just a game, but is about community, unity and is a representation of who we are and what we, as Welsh people, can do.'

Dani yma yma,
on the way to the top of the game,
motch gen i am ddim awgryma.
Mae'r gwlad ei hun yn fach
ond mae'r ddraig yn pwyso tunnell.
Pwy di'r ora ora?
Dani yma yma.
Dani yma yma.

On the way to the top of the game,
motch gen i am ddim awgryma.
Mae'r gwlad ei hun yn fach
ond mae'r ddraig yn pwyso tunnell.
Pwy di'r ora ora?
Ni!

Dani yma yma.
Dani yma yma.

Ffermwyr ifanc,
tyfu fyny rownd bales, dim Gareth.
Dwi'n safio'r gêm Cymraeg,
Danny Ward, dwi'm angen maneg.
Mae hwn yn blwyddyn ein fflag,
saethu peli drwy y Ffrangeg.
Mond tân sy'n dod o ein cegau, castelli,
mae amddiffyna ni fel carreg.

Tarian rhy caled,
da ni'n dod â'r aur yn ôl i'r prifddinas,
enwa gwell anrheg.
Paentio'r dre yn coch a'r planed,
amser creu hanes.
Da ni'n dysgu pwy 'da ni, athrawes,
neud tîm nhw'n llanest,
you know we're doing damage.

Land of the giants and land of the brave,
yeah, blood's been spilt for the game.
O'r Gogledd, De, Dwyrain, Gorllewin,
trust we're one an' the same,
like my Nain Jean used to show us back then, some can
never be tamed.
Today's our day, so my people, stand and play.

Dani yma yma,
on the way to the top of the game,
motch gen i am ddim awgryma.
Mae'r gwlad ei hun yn fach
ond mae'r ddraig yn pwyso tunnell.

Pwy di'r ora ora?
Dani yma yma.
Dani yma yma.

On the way to the top of the game,
motch gen i am ddim awgryma.
Mae'r gwlad ei hun yn fach
ond mae'r ddraig yn pwyso tunnell.
Pwy di'r ora ora?
Ni!
Dani yma yma.
Dani yma yma.

My blood, my genes,
mae'n yma o hyd,
I said don't watch now,
dyma ni.
Heard broski running the wing like Bale,
got more than love for my team.
Dwi ddim yn siarad am cicio'r pêl
but I'm gonna ball this season.
I don't want scores that's even,
3-0 or nothing,
guess that we're overachieving.
Blood, sweat and the tears,
I'm putting in work when nobody sees it.
Cutting in and curving that cross
on the coldest seasons.
O'r Wyddfa
to the Brecon Beacons,
mae'r boys yma eto,
amddiffyn mewn ffydd
sydd yn neud fi tipyn mwy cryf.

I strike it straight,
syth.
Chware teg,
fair play that's peak,
we got a Kieffer Moore.
Tîm gorau,
no either or,
show team support,
it's been me v. me
but it's coming like a Fifa score.
Put in the work
then we reap rewards.
Got reasons for and against,
I don't even talk,
I just show and prove,
the Swans due giving me a Golden Boot.
My 5 star skill move
overused,
heads held high whether win or lose.
Let's rise for our efforts,
see those goals get stopped,
Hennessey for my breakfast.
Cleanest energy,
Rodon defends us,
forwards that to our enemies.
See that Blue, Bellamy
swerve that bird.
Black and white that's ----
surf and turf,
mix my beef with seafood
– till it hurts
– till it hurts.

Dani yma yma,
on the way to the top of the game,
motch gen i am ddim awgryma.
Mae'r gwlad ei hun yn fach
ond mae'r ddraig yn pwyso tunnell.
Pwy di'r ora ora?
Dani yma yma.
Dani yma yma.

On the way to the top of the game,
motch gen i am ddim awgryma.
Mae'r gwlad ei hun yn fach
ond mae'r ddraig yn pwyso tunnell.
Pwy di'r ora ora?
Ni!
Dani yma yma.
Dani yma yma.

Rhannu'r angerdd

Gwennan Harries

'Na i ddim anghofio'r tro cyntaf i fi sylwebu ar gêm ryngwladol y dynion – ond nid oherwydd y pêl-droed. Gêm gyfeillgar Cymru v. Sbaen yn Stadiwm y Mileniwm yn 2018 oedd hi, a dwi'n cofio pacio yn y tywyllwch am 5:30yb cyn mynd i'r ysgol ar gyfer clwb bore. Wrth newid i fynd i'r stadiwm, 'nes i sylwi bo' fi wedi pacio dwy esgid droed chwith. *Disaster*! Doedd gen i ddim amser i fynd adre, felly o'dd rhaid fi sylwebu a bod ar y teledu yn gwisgo dwy esgid droed chwith wahanol. Diolch byth, roedden nhw'n edrych yn *really* debyg, a gyda Chymru'n chwarae mor wael, doedd neb wedi sylwi ar fy nhraed!

Dwi, fel y sylwebwyr eraill i gyd, yn gefnogwr hefyd. Dwi'n cofio bod yn hollol *gutted* bod gen i ddim tocyn i gêm yr Eidal yn 2002, a bod yn stafell hanes Ysgol Plasmawr y bore wedyn yn trafod y gêm gyda rhai o'r bois. Speed a Pembridge oedd fy arwyr yn y dyddiau hynny. Ro'n i yno yn 2005 pan 'naeth Paul Robinson arbediad gwych i atal peniad John Hartson rhag ein rhoi ni ar y blaen yn erbyn Lloegr. Ro'n i'n gweithio'n rhan-amser fel *waitress* ar y pryd, a dwi'n cofio bod mor siomedig yn teithio i'r gwaith ar ôl y gêm. Ges i'r profiad o fynd i rai o gemau Ffrainc

2016 fel cefnogwraig, a sai'n credu bydd unrhyw beth byth yn curo'r teimlad o fod yn ffan yn y gêm yn erbyn Gwlad Belg. Erbyn heddiw, bron na allwn ni ddweud ein bod ni wedi arfer gyda llwyddiant, ac yn ei ddisgwyl e mewn ffordd – a Lille oedd dechrau hynny.

Roedd cyrraedd yr Ewros canlynol yn arbennig am reswm gwahanol, a'r gêm adre yn erbyn Hwngari yn uchafbwynt personol gan mai dyma fy mhrofiad cyntaf i o weithio ar gêm lle 'naethon ni qualifio. Mae'n bwysig bo' fi ddim yn gadael i emosiwn reoli'r ffordd dwi'n dadansoddi'r gêm, yn enwedig weithiau pan mai'r unig beth dwi moyn wneud yw dathlu! Dwi'n cofio dawnsio ar ochr y cae gyda Dylan Ebz ar ddiwedd y gêm, ddim yn meddwl byddai unrhyw gamera yn ein dal ni – nes i'r clip gael ei chwarae drosodd a throsodd ar y cyfryngau cymdeithasol wedyn. Digwyddodd yr un peth pan 'naethon ni wisgo'r *bucket hats* ar ddiwedd gêm olaf y merched i gyrraedd *play-offs* Cwpan y Byd; mae'n gallu bod yn anodd weithiau i aros yn hollol broffesiynol, gan ein bod ni'n gefnogwyr fel pawb arall.

Mae'n gyffrous cael bod yn rhan fach o'r cyfan, ac ry'n ni fel sylwebwyr yn bwydo oddi ar yr awyrgylch yn y stadiwm; ni'n teimlo'r cyffro 'na sy'n dod o'r dorf. Bob gêm sy'n digwydd, dwi wastad yn meddwl bod dim byd am guro hwn, ac wedyn mae 'na gêm arall sy'n well eto. Mae gen i dal *goosebumps* yn meddwl am gêm Wcráin, ac un Awstria cyn hynny. Mae clywed yr anthem yn *spine-tingling* bob tro. Mae fy ffrindiau gorau i gyd yn Saeson, a dwi jyst methu egluro pa mor sbesial yw e.

Ni'n ffodus bod y darlledwyr yn deall ein hangerdd a'n balchder ni, a dwi'n ffodus i gael tîm o 'nghwmpas i sydd wedi bod mor gefnogol o'r cychwyn. Mae Nic Parry yn weindio fi lan am unrhyw beth a phopeth, ac mae John Hartson yn *hilarious* – bydden i'n gallu ysgrifennu llyfr am

John! Dwi wastad wedi teimlo fel un o'r tîm a ddim yn wahanol o gwbl am bo' fi'n ferch. Mae llwyddiant Cymru wedi golygu mwy o gyfleoedd i fi'n bersonol hefyd, fel bod yn rhan o'r tîm sylwebu yn ystod Euro 2020. I fod yn onest, mae'n well gen i sylwebu – dwi ddim yn gorfod poeni am be dwi'n gwisgo a sut dwi'n edrych, ac felly'n gallu ymlacio mwy. Ges i gyfle i gyflwyno ychydig ar y dechrau hefyd, ond dwi ddim yn naturiol o flaen camera, ac wastad wedi meddwl ei bod hi'n haws ateb cwestiwn na gofyn cwestiwn.

Dwi wedi bod yn onest yn fy sylwebu reit o'r dechrau. Pan dwi'n sylwebu, dwi'n meddwl amdano fel gwylio a thrafod y gêm gyda ffrind. Dwi'n cofio 'nôl i'r gêm Sbaen lle roedd Cymru'n amddiffyn mor wael, 'nes i ddweud *off camera* hanner amser bod tîm ysgol fi'n gallu amddiffyn yn well na hyn. 'Dweud hynna 'te,' meddai Dylan Ebz. 'Fi methu dweud hynna,' oedd fy ymateb cyntaf, cyn i fi sylweddoli y galla i ddweud be bynnag dwi moyn os mai dyna'r ffordd fi'n teimlo. Mae'n debyg 'mod i dros y blynyddoedd wedi cael yr enw o fod yn eithaf caled ar y chwaraewyr, ond dwi ddim yn ei ddweud e er mwyn yr effaith. Dwi'n ei ddweud e am mai dyna sut dwi'n gweld pethau – mater o farn yw e. Fel sylwebwyr, ni'n gwybod bod dwy ochr i'r cyfryngau cymdeithasol, ac yn bersonol, dwi'n tueddu i anwybyddu'r cyfan. Fel sylwebwyr benywaidd, ni'n cael ein beirniadu'n lot cyflymach; mae un camgymeriad yn cael ei bwysleisio cymaint yn fwy. Ond mae cefnogwyr Cymru wedi bod mor dda a chefnogol gyda fi – llond llaw o negeseuon negyddol yn unig, a dim byd tebyg i'r stwff hollol ffiaidd mae pobl fel Alex Scott a Karen Carney wedi ei ddioddef.

Pan 'nes i ddechrau sylwebu roedd hi'n anodd cael yr holl bwyntiau technegol a thactegol drosodd yn Gymraeg achos bod e ddim yn dod yn naturiol. Saesneg oedd yr iaith gartref, ond bod ein rhieni wedi penderfynu anfon ni i addysg Gymraeg. Nawr mae fy Nghymraeg wedi gwella lot, wrth ddysgu mwy o derminoleg a'i siarad e'n ddyddiol yn y gwaith. Dwi wedi dod i'r pwynt, achos bo' fi'n gwneud cymaint o sylwebaeth yn Gymraeg, pan dwi'n sylwebu'n Saesneg dwi *actually* yn meddwl yn Gymraeg, sydd bach yn *surreal*.

Mae perthynas pêl-droed Cymru a'r iaith yn unigryw, ac mae gwaith caled y Gymdeithas Bêl-droed dros y blynyddoedd diwethaf wedi cael dylanwad mor gadarnhaol. Mae fel bod y WRU yn colli tric enfawr, o ystyried faint o siaradwyr Cymraeg naturiol sydd gyda nhw. Dwi'n teimlo bod gwaith y Gymdeithas wrth gael y chwaraewyr i ddeall hanes y wlad a'r iaith yn un o'r rhesymau dros y berthynas agos sydd rhwng y cefnogwyr a'r tîm. Mae'n hyfryd clywed cymaint mwy o Gymraeg o gwmpas y stadiwm erbyn hyn, mewn sgyrsiau ac mewn caneuon. Mae'r diwylliant tu hwnt i'r stadiwm wedi newid yn gyfan gwbl hefyd. Mae 'na deimlad fod pêl-droed a Chymreictod yn mynd law yn llaw wrth i ni weld cymaint mwy o grysau Cymru a *bucket hats* mewn llefydd fel y Steddfod a'r Royal Welsh.

Fel athrawes, dwi'n gweld bod e'n fwy cŵl i siarad Cymraeg bellach, oherwydd pobl fel Aaron Ramsey. Mae'r plant yn gweld rhywun fel fe yn ymdrechu ar y teledu, ac yn gallu uniaethu gan bo' nhw ddim yn teimlo eu bod nhw'n hollol rugl chwaith. A dwi'n gallu uniaethu gyda nhw hefyd – ro'n i'n un o'r plant yna roedd hi'n fwy naturiol iddyn nhw siarad Saesneg. Mae pethau fel gweld y chwaraewyr yn gwisgo crysau gyda geiriau Cymraeg arnyn nhw, neu eu gweld nhw'n canu gyda Dafydd Iwan, i gyd mor bwysig. 'Cymru' yn lle 'Wales'. 'Nes i ddechrau gwerthfawrogi'r iaith pan 'nes i aeddfedu a meddwl am swyddi ac ati. Mae'r Gymraeg wedi agor cymaint o ddrysau i fi, a dwi wedi gwella cymaint drwy ei siarad yn amlach. Ond dwi yn meddwl, gyda llwyddiant tîm Cymru a modelau rôl fel Ramsey ac Allen, bod y gwerthfawrogiad yna'n dod mewn lot yn gynt nawr.

Fel fy angerdd at yr iaith, dwi hefyd yn angerddol am bêl-droed merched. Do'n i ddim hyd yn oed yn gwybod bod gan Gymru dîm merched nes o'n i tua 15 oed, felly mae'r golygfeydd a'r gefnogaeth ni'n gweld erbyn hyn yn anghredadwy. Yn ystod hanner amser un o'r gemau diweddar, dangoswyd clip o gêm Cymru yn 2009 yn Hwlffordd yn erbyn yr Almaen, un o dimau gorau'r byd ar y pryd. Ro'n i'n chwarae, ac yn y clip chi'n gallu gweld ceffylau yn pori yn y cae tu ôl i ni; dyna'r math o statws a chefnogaeth oedd gyda ni!

Do'n i ddim yn disgwyl gweld y fath gynnydd mor fuan, a dwi'n teimlo bod rhaid bod yn ddiolchgar am y buddsoddiad a'r llwyddiant yn Lloegr, yn enwedig gan fod ein chwaraewyr gorau ni wedi datblygu yn eu system nhw. Mae criw anhygoel yn gwneud gwaith gwych dros gêm y merched yng Nghymru, ond dwi ddim yn meddwl bod y Wal Goch yn ei chyfanrwydd wedi neidio ar y syniad o gefnogi'r merched eto. Mae popeth yn dibynnu ar lwyddiant, sy'n magu cefnogaeth, sy'n magu buddsoddiad, ond mae'n anodd llwyddo heb fuddsoddiad yn y lle cyntaf. Ond mae'r sylw a'r gefnogaeth ar y cyfryngau cymdeithasol wedi gwella'n rhyfeddol, a dwi'n gobeithio y bydd y gefnogaeth yn y gemau yn parhau i ddatblygu ac adeiladu mewn ffordd ofalus. Mae awyrgylch gemau'r merched yn hollol wahanol, yn llawer mwy cyfeillgar a diogel i deuluoedd a phlant. Ni'n gweld hynny yn y ffordd mae'r chwaraewyr yn teimlo'n ddigon cyfforddus i ddod at ochr y cae i gael lluniau, rhywbeth fyddai byth yn digwydd yng ngêm y dynion.

Yn ffeinal Ewros y merched eleni roedd llwyth o deuluoedd o wahanol wledydd o 'nghwmpas i yn gwisgo eu crysau amrywiol ac yn mwynhau. Wythnos yn ddiweddarach ro'n i yng ngêm Man Utd, ac o'n i methu mynd i mewn i dafarn heb fod rhywun yn pinsio fy mhenôl. Mae rhai gemau lle fydden i ddim moyn bod yno ar ben fy hun, neu heb ddyn gyda fi. Unwaith dwi wedi bod i gêm Man Utd oddi cartref, a fydden i byth yn mynd eto. Mae 'na wastad rai *idiots* sy'n sbwylio pethau i bobl eraill. Ond yn Ffrainc yn 2016 ro'n i'n teimlo'n rhan o deulu Cymru, pawb mewn crys coch yn edrych ar ôl pawb arall mewn crys coch.

Es i'n reit emosiynol yn gwrando ar griw o fois yr ysgol oedd wedi bod yn un o'r gemau merched diweddar, yn trafod pa mor dda oedd e, cymaint roedden nhw wedi mwynhau a moyn mynd 'nôl eto. Dwi'n credu bod e mor bwysig ein bod ni'n normaleiddio bois yn mynd i wylio gemau merched, a stopio meddwl amdano fel pêl-droed dynion a phêl-droed merched. Pêl-droed Cymru yw e.

Mae 'na gymaint o gyfnodau lan a lawr wedi bod i bêl-droed Cymru ers i fi ddechrau dilyn y gêm. Mae'n gyffrous gallu byw drwy'r cyfnod euraidd sydd gyda ni ar hyn o bryd, cyfnod hir sydd wedi dangos nad yw llwyddiant yn gorfod bod yn rhywbeth dros dro. Mae angen i'r merched gamu lan at hynny hefyd nawr, a gobeithio bod hyder a chred yn holl chwaraewyr ifanc Cymru i feddwl bo' nhw'n gallu cyflawni hynny'n gyson. Dwi'n teimlo'n ffodus ac yn ddiolchgar iawn 'mod i'n cael bod yn rhan fach o'r cyfan drwy'r sylwebu, gan rannu fy angerdd gyda chefnogwyr Cymru.

Bydd gweld Cymru'n cystadlu yng Nghwpan y Byd yn sbesial. Pob pedair blynedd mae llygaid y byd ar un wlad am un mis, ac ar ôl blynyddoedd o wylio gwledydd fel Lloegr, Iwerddon, Gwlad yr Iâ, Panama ac Angola mewn Cwpan y Byd, mi fydd hi'n wahanol iawn gweld dy wlad dy hun ar y llwyfan mwyaf. Y *next best thing* i chwarae dros Gymru ydi cefnogi! Mae 'na falchder arbennig o weld y Ddraig Goch, a'r holl enwau pentrefi a threfi o bob rhan o'r wlad ar y fflagiau yn un efo'i gilydd mewn gwlad ddieithr.

Elgan, Mared a Dylan Rhys Jones, Waunfawr

Mae cefnogi Cymru yn arbennig achos mae llwyddiant y tîm yn eilradd i'r hwyl a'r balchder sy'n dod o ganu, cwrdd â hen ffrindiau, ac ymfalchïo mewn bod yn Gymry. Mae dilyn Cymru oddi cartref fel pererindod Gymreig, a jyst bonws yw llwyddiant y tîm!

Elis Annett, Caerdydd

Following Wales is not like anything else. It's such a great atmosphere when Wales fans go abroad; you get to know people and everyone's looking out for each other.

Lauren McNie, Llantrisant

Pan o'n i'n ifanc, ro'dd Cymru wastad yn cael eu gweld fel *underdogs*. Doedd dim lot o bobl yn talu lot fowr o sylw i'r tîm pêl-droed, felly mae'n braf iawn nawr gweld bod pethe wedi newid. Erbyn heddi, mae'n arbennig achos dwi wedi dod i nabod sawl person o wahanol ardaloedd yng Nghymru, ac yn sicr mae 'na rywbeth sbesial iawn am ddilyn eich tîm gyda'r bobl yma i lefydd anarferol yn nwyrain Ewrop.

Huw Harries, Caerfyrddin

'Fy enw i yw Garmon Ceiro... a dwi'n *addicted* i ddilyn Cymru'

Garmon Ceiro

Os DWI'N BOD yn hollol onest, dwi ddim wir ishe mynd i Qatar.

Dwi ffili rili fforddio fe, does 'da fi ddim wir lot o ddiddordeb yn y rhan yna o'r byd, a – credwch neu beidio – dwi ddim rili ishe gadel fy nheulu am ddeg dwrnod. Ma'r holl beth yn neud fi'n reit amhoblogaidd ymhlith fy nheulu estynedig 'fyd. 'Ti ddim 'di tyfu allan o hynna eto?' medde aelod o'r teulu-yng-nghyfraith pan ofynnes i iddyn nhw roi help llaw gyda'r plant i fi gal mynd.

Ddim eto, na, ddim eto.

Ar ben hyn, dwi'n teimlo'n reit euog am fynd oherwydd y materion hawliau dynol, yr agweddau tuag at bobl LHDT+, a sut mae'r gweithwyr sydd wedi adeiladu'r stadiymau wedi cael eu trin. Gyda thrac record FIFA o ran uniondeb ariannol, dwi'n amlwg yn meddwl bod Cwpan y Byd yn mynd 'na am resymau amheus iawn. Hefyd, os fydd hi mor anodd gwylio'r gemau ar y teledu mas 'na ag y ma'r papurau newydd yn ei awgrymu, ac os yw peint wir yn £15, fe alle hi fod yn ddeg dwrnod hir iawn!

Nope, sai'n ofnadw o *keen*. Pan o'n i'n breuddwydio am Gymru yn cyrraedd Cwpan y Byd, o'n i'n meddwl am ddinasoedd a thraethau Brasil neu'r Ariannin, ddim strydoedd dialcohol Doha...

I grynhoi, dwi ddim wir yn meddwl ddyle fe gael ei gynnal 'na o gwbwl. Nadw. A ma'r trip ganol gaea'n anghyfleus ac yn dipyn o blydi niwsens. So pam ddiawl dwi'n mynd, felly??

Wel... achos fy enw i yw Garmon Ceiro... a dwi'n *addicted* i ddilyn Cymru.

Wrth gerdded i'r gêm dyngedfennol yn erbyn Wcráin, yr un o'dd y sgwrs gyda phawb o'n i'n cwrdd â nhw. 'Ei di os enillwn ni 'de?' o'dd pobl yn gofyn, gan wbod bo' fi'n ddigon o idiot i feddwl mynd. 'Paid bo'n sofft, lot rhy ddrud,' o'dd f'ateb i bob tro. Ond erbyn stop tap y noson honno, o'n i wedi neud cais am gredit card newydd, ac addo i ffrind fydden i'n mynd.

Be' ddigwyddodd 'te? Ges i fy nghario i ffwrdd gan gân Dafydd Iwan?? Ddim rili.

Jyst... ar y chwiban ola', pan o'n ni wedi cwoliffeio, pan o'dd e'n wir... 'nes i sylweddoli: *no way* bod Cymru'n mynd i Gwpan y Byd hebdda i!

Meddyliwch am y peth: dwi 'di eistedd mewn Stadiwm Cenedlaethol gwag yn gwylio ni'n colli i Georgia, dwi 'di mynd i Slofacia pan mai Craig Bellamy o'dd yr unig chwaraewr call o'dd 'da ni, dwi 'di gorfod dojo poteli llawn pish a rhedeg i ffwrdd wrth hwligans yr Eidal ym Milan, dwi 'di rhaffu celwydde wrth fy mòs i gael aros yn Ffrainc am bump wythnos strêt yn 2016, ac wedi anwybyddu cyngor Mark Drakeford er mwyn teithio i Baku yn ystod Euro 2020... dwi ddim wir yn mynd i fethu Cwpan y Byd achos le ma fe, ydw i? C'mon!

93

Y gêm gyntaf

Dwi ddim actiwali'n cofio pa gêm oedd fy ngêm Cymru gyntaf. Gwlad Belg, falle? Y gêm yn 1990, 3-1, yn hytrach na gêm cic rydd Ryan Giggs yn '93. Y gêm gynta' dwi'n cofio'n iawn bod ynddi yw'r gêm yn erbyn y 'Gynrychiolaeth o Tsieciaid a Slofaciaid' yn '93, ddau fis cyn i'n calonnau ni gael eu torri yn erbyn Rwmania. Pa bynnag gêm oedd fy un gyntaf, rywbryd rhwng 1989 ac 1994, fe ddechreuodd obsesiwn.

Dyma wylio Italia '90 ar y teledu heb wir ddeall pam nad oedd Cymru yno, yn arbennig gan fod y Gwyddelod yn neud mor dda. O'n i bron iawn â chefnogi Gary Lineker a Gazza yn y twrnament 'na. Bron. Cymru'n curo'r Almaen a Brasil wedyn, a dyma fi'n meddwl, 'Wel, 'na ni 'te, fyddwn ni yn y twrnaments nesa', byddwn? Ma 'da ni Ian Rush, Dean Saunders, Mark Hughes...' Druan bach â fi.

USA '94 o'dd yr ergyd fwyaf. Dwi dal yn gwbod ffeithie dwl am y twrnament yna... dwi'n gallu enwi carfanau cyfan, cofio *top scorers*, *sending offs*, pethe *bonkers*. Dyma wylio Rwmania'n mynd i'r wyth ola'. Gwylio Sweden a Bwlgaria'n mynd i'r rownd gynderfynol. Edrych ar XI cyntaf Cymru a meddwl, 'Dylen ni fod yn well na nhw'.

Ar ôl hynny, rhaid oedd derbyn bo' ni'n iwsles. Fydde dim Euro '96, dim France '98. Er bod tîm afrij iawn yr Alban yn y ddau! A bod yn onest, fe golles i ddiddordeb rywfaint, am gyfnod. Fe wylies i'r Cwpanau Byd i gyd, yn amlwg – bob un funud ar un achlysur – ond o gymharu â Chwpanau Byd y 90au, dwi'n cofio'r nesa' peth i ddim amdanyn nhw. Do'dd y ffaith bod Cymru ddim 'na ddim yn brifo bellach, o'dd e'n hollol normal.

Y daith gyntaf

Fy nhrip cynta' i wylio Cymru oddi cartref, fel tipyn o bobl fy oed i, oedd Milan yn 2003. Ac o'dd e'n *shit*! Dim cwrw yn dre, hwligans yr Eidal yn taflu poteli a rhedeg ar ein holau gydag arfau, colli 4-0. Uffernol. Y trip gath fi'n *hooked*, falle, o'dd Slofacia 2007 – chwaraewr newydd o'r enw Gareth Bale yn y garfan, Craig Bellamy yn ein cario ni i fuddugoliaeth annisgwyl. Teithio yno ar y trên trwy Ewrop. Briliant.

O'n i'n mynd nid achos bo' fi'n meddwl bydden ni'n cwoliffeio, ond achos bo' ni'n gwbod y bydden ni *ddim* yn cwoliffeio. Mynd achos falle na fydden ni *fyth* yn cwoliffeio eto. Os oedden ni am weld Cymru ar y llwyfan rhyngwladol, o'dd rhaid dilyn nhw lle bynnag allen ni.

A do'dd Wales Away ddim fel nawr – o'dd y criw o'dd yn mynd yn teimlo'n henach, o'n nhw'n teimlo'n galetach. O'n i'n cal y teimlad na fydde rhai yn malio cael ffeit o gwbwl. O'dd yr hen nonsens Caerdydd/Abertawe 'na dal yn amlwg. Y teimlad mai dyna o'dd y flaenoriaeth er bo' ti newydd deithio mil o filltiroedd i gefnogi'r tîm cenedlaethol. Y teimlad 'na bod boi yn gofyn i ti o ble o't ti'n dod, nid er mwyn gweld os oedd e'n nabod dy fam di, ond i glywed dy acen di i weld os o't ti'n haeddu crasfa.

Ond o'n i'n eitha lico hynna. Do'n i ddim yn mynd i fod yn fachgen da, nag o'n? O'n i ddim ishe ymladd, ond o'n i'n mynd yn rhannol achos bod yfed mewn bars amheus ar y cyfandir yn timlo'n beth eitha drwg i neud. O'dd raid i fi chwerthin yn watsho'r fideos o ffans Cymru yn casglu sbwriel a thacluso yng Ngwlad Belg yn ddiweddar... ddim dyna o'dd fy nghymhelliad i pan ddechreues i fynd. Na neb arall chwaith o be' dwi'n gofio.

A dyna ni wedyn... rhwng 2003 a 2016, fe es i pan o'n i'n gallu fforddio mynd. Mewn anobaith i ddechre, wrth i Tosh orfod chware plant a *journeymen*, gyda'r gobaith yn tyfu o dan Speed a Cookie, cyn, o'r diwedd, fe gyrhaeddon ni...

Y 'Golden Generation'

Ewn ni ddim mewn i ba mor dda o'dd Euro 2016 – o'dd e'n bopeth o'n i 'di gobeithio amdano, a mwy. Mis a mwy mewn gwlad dramor yn gwylio pêl-droed. Ein tîm ni'n un o brif straeon y twrnament. 'Na i fyth anghofio'r awyr goch wrth inni chwalu Rwsia, na'r noson-bêl-droed-orau-erioed™ yn erbyn Gwlad Belg. Ar ôl yr holl flynyddoedd o aros, ro'dd Euro 2016 fel breuddwyd. Teithio ar y TGV i'r rownd gynderfynol yn Lyon gan ddarllen *L'Équipe* yn sôn am Gymru. Gwallgo.

Galle Euro 2016 fod wedi bod yn ddiwedd ar fy stori'n dilyn Cymru, rili. Falle dyle fe 'di bod. Mi o'dd e i rai o fy ffrindie. Llai o ddiddordeb yn y trips *away*. Llai ohonon ni'n sefyll gyda'n gilydd yn y Canton End wrth i'r bois ddechre mynd â'u plant eu hunain i'r geme, gan ddechrau siwrneiau newydd, obsesiynau newydd.

Ond, i fi, er bod Euro 2016 yn freuddwyd, ro'dd 'na rwbeth ar goll: do'dd e ddim yn Gwpan y Byd.

Ma 'na fwlch rhwng Pencampwriaeth Ewrop a Chwpan y Byd, does dim dwywaith am y peth. Dwi ddim yn meddwl 'nôl at Euro '92. Wel, ddim yn amal ('*Brolin-Dahlin-Brolin, goal!*'). Dwi'n hel meddyliau am Italia '90, USA '94 a France '98. Ma Cwpan y Byd yn fwy o beth na'r Ewros o dipyn. Dyna'r gwir. Ac felly er i Euro 2016 leddfu fy obsesiwn i raddau helaeth, do'dd e ddim wedi mynd yn llwyr. Ac os rhwbeth fe dda'th e 'nôl yn gryf wrth inni – fel cenedl gyfan – dreulio blynyddoedd yn llongyfarch ein hunain am 2016... gan anghofio cwoliffeio ar gyfer Rwsia 2018.

Wa'th inni fod yn onest, fe ddylen ni 'di cyrraedd honna, tasen ni i gyd ddim rhy brysur yn dal i ddathlu'r Ewros. Fe a'th e dwtsh yn *embarrassing*. Cefnogwyr yn bango mla'n am Ffrainc 2016 wrth inni orffen y tu ôl i dîm Iwerddon hollol anobeithiol. *Balls up*, bois bach!

Ac felly pan dda'th Euro 2020 flwyddyn yn hwyr, rhaid o'dd mynd. Ro'dd 'na dal ryw *unfinished business*! A phan gathon ni gweir gan y Daniaid yn Amsterdam gyda bron dim cefnogwyr Cymru yno, o'n i'n gwbod: 'Ni'n mynd i orfod cwoliffeio ar gyfer Cwpan y Byd cyn i fi gal y mwnci 'ma oddi ar fy nghefn...'

Qatar

Felly, oedd, pan guron ni Wcráin i gyrraedd Cwpan y Byd, ro'dd 'na deimlad arbennig. Teimlad y gallen i nawr stopio obseso am y peth. Teimlad y gallen i fynd i weld fy ngwlad ar y lefel uchaf un o'r diwedd, a chau pen y mwdwl ar dros ddeng mlynedd ar hugain o obsesiwn.

Yn *Fever Pitch*, mae buddugoliaeth hynod Arsenal yn Anfield yn 1989 – gan ennill y bencampwriaeth am y tro cyntaf ers bron i ddau ddegawd – yn gyfle i Nick Hornby symud ymlaen a datgysylltu ei fywyd oddi wrth hynt a helynt y clwb rywfaint. Pan ddarllenes i hynna gynta', do'n i ddim wir yn deall – pam ymbellhau pan ma pethe'n mynd yn dda?

Ond dim ond pan ma pethe'n dda allwch chi roi'r gore i'r pethe 'ma. Allwch chi ddim treulio'ch bywyd yn awchu i rwbeth ddigwydd, a rhoi'r ffidil yn y to cyn i hynny gael ei wireddu. Ma'n amhosib.

Ond nawr dwi'n barod, bois. Dwi ddim ishe teithio dros Ewrop gyda *hangover*, bellach. Dwi ddim ishe sefyll yn yr oerfel yn watsho ffwtbol reit crap. Dwi ddim ishe cal fy wythnos wedi'i sbwylio gan foi 'na i fyth gwrdd.

Ma dowt 'da fi 'na i fyth stopio mynd i weld y gemau cartref, a bydda i'n mynd â'r plant pan fyddan nhw'n ddigon hen, ond o ran fy obsesiwn â dilyn Cymru... bydda i'n barod i 'weud ta-ta ar ôl Qatar.

Cha i ddim dal ei llaw yna, felly wna i ddim mynd

Sarah McCreadie

A dwi'n gwybod
dwi'n gwybod
y clywn ni sôn am fyd unedig, cledr yn dynn wrth gledr
doliau papur yn gadwyn staen coch
tra bod garddyrnau a gusanwyd –
wedi'u clymu
dwylo
mewn cyffion
o dan fyrddau
uwch pennau
neu rith o ddwylo'n unig
Adrodda eu stori / dy stori / ein stori
Cadwa'r llifolau'n llachar

I can't hold her hand there so I won't go

Sarah McCreadie

And I know
I know
we will hear of a world united, palms pressed together
a red stained paper doll chain
while kissed wrists are –
tied
hands
cuffed
under the table
above heads
or just ghosts of hands
Tell their story / your story / our story
Do not let the floodlights dim

Ar y teras / From the terrace

David Collins

HAVE YOU, LIKE me, noticed a new atmosphere at Wales home games in recent years? Indeed, the whole culture of football-watching has been transformed beyond recognition over the last 40 years or so.

Back in the 1970s, when I first began to attend Wales games, the spectre of football hooliganism was never far from the surface. Home games rotated around the various club grounds, though Cardiff's Ninian Park tended to host the bigger games.

These occasions were quite different from the modern era, as tribal battles would break out around the club grounds which played host to the national game. Fans of the host club always seemed keen to defend their turf, while visitors from the other Welsh teams would relish the opportunity to mix it in their rivals' home 'ends'. Club rivalry dominated the atmosphere on the crumbling terraces. I recall several towering floodlights on the Kop at Wrexham as visitors from Cardiff and Swansea set out to make themselves known.

The terrace songs which accompanied these displays were generally pretty bland affairs. Half-hearted chants of 'Way-uls, Way-uls' and the usual collection of hooligan-related ditties.

Why, if you tune into clips of games from that era you can even hear gloomy renditions of 'You'll Never Walk Alone' from the fans of the day. Back then almost every team adopted this terrace anthem before Liverpool and Celtic secured the musical copyrights.

There were occasional highlights of course.

I recall a packed, flag-waving Kop at Wrexham as Wales met the USSR before 30,000 fans. I so enjoyed that sight from the opposite end of the ground. Stirring outings under the night sky at Ninian Park spring to mind as Wales so nearly qualified for the final stages. Towering floodlights pointing to the sky as the massed ranks huddled below on the enormous Bob Bank.

The old North Bank at Swansea also provided strong backing at times – gleefully waving Joe Jordan off the pitch as he saw red back in 1981.

The 1980s continued the national obsession with hooliganism, though I have little memory of the 'Casual' culture becoming much of a force on the Wales scene. Even when the Welsh team switched to playing at the old National Stadium (Cardiff Arms Park), I still recall battles in the stands between rival 'home' fans.

It wasn't until games moved to the Millennium Stadium that this seemed to die down. Success on the pitch gave us new things to focus on, as huge attendances greeted the likes of Brazil, Argentina and England. Families seemed welcome in a way not seen before as a new audience was reached.

The modern Red Wall of Wales fans reflects a wholly different world from the 'Swansea Where are You' days I recall from Wales games at Ninian Park. On its travels, the Wall is respected and admired. The fabulous fans who have formed Gôl Cymru are at the forefront of this new breed of Wales fans. Wholly reliant on fund-raising by the supporters, the charity aims to help underprivileged children wherever Wales play, and visits to children's homes have become a regular feature of Welsh fans' away trips.

But it is at the new home of Welsh international football, the Cardiff City Stadium, that the Red Wall has displayed its hand most visibly.

Inclusive, respected and witty. The bucket-hat-wearing members of the Wall have even produced a new hit list of songs. Chants and anthems which reflect a confident, bilingual fan base and a national team that has emerged onto the world stage after decades in the darkness. Cardiff City Stadium rocks to a catalogue of hits, many with their origins in the Canton Stand but which are now delivered from all around the ground.

I could not resist the urge to produce my personal Hit Parade of these memorable masterpieces. A musical march through the history of Welsh international football, from Golden Oldies to banging new tunes!

10. Men of Harlech

This ancient folk song came to the world's attention via the 1964 film *Zulu*. It has become a lusty addition to the Red Wall's repertoire though. Oh, there are proper lyrics of course, but the Red Wall's use of a simple 'duh, duruh, duruh, duh *clap, clap*' vocal track makes it an appealing entry in our chart. This one stands the test of time for sure.

9. Zombie Nation

Another 'instrumental' track, so to speak. 'Zombie Nation'

came to prominence during the Euro 2016 qualifying campaign, having been picked up in Brussels. It symbolised the rise of Welsh football from a sleeping nation to a real force for good. It has even been picked up by the FAW, who blast this techno hit out to a rampant crowd via flashing lights and high voltage. How very 1990s.

8. Danny, Danny Ward

Few international stars have their own chants – which makes Wales' impressive repertoire all the more exceptional. I could have chosen any number of hits dedicated to individuals in recent years. The popular tribute to Gareth Bale who turned down the chance of Olympic glory ('he said he had a bad back'); fond serenades to Hal Robson-Kanu; and of course, the dancing Joe Ledley.

In the end though, I plumped for the great support from the Red Wall for Danny Ward. When the Welsh keeper conceded an awful own goal against the Czech Republic in 2021, the travelling fans gave him great backing. The Danny Ward song became an overnight hit. It sums up the 'Together Stronger' spirit within the Wales camp which created a bond between the fans and players. I know that it is appreciated by those on the pitch.

7. Calon Lân

For many years, the media probably thought of Wales as a rugby nation. Certainly, in the 1970s, the swaying crowd at Cardiff Arms Park portrayed an emotional image of the Land of Song, delivering hymns & arias to a misty-eyed audience. Football couldn't really match this.

To quote Paul Weller, though, 'This is the Modern World'. The Red Wall has firmly established itself as the natural home of terrace culture and Welsh identity. 'Calon

Lân' is one of the few anthems to migrate from the oval game to the Beautiful Game.

This nineteenth-century hymn, delivered in Welsh, first came to my attention as a football song in Andorra back in 2014. Since then, it has been a regular and glowing testimony to a new generation of sporting ambassadors and a new world vision of Wales as a nation.

6. You're Just a S**t Aaron Ramsey

I love this one.

Perhaps not the most PC entry in our chart, but when the Red Wall taunted Kevin De Bruyne with this when the Belgians came to Cardiff it simply made me chuckle. The fans knew that we had players who could stand comparison with the best. It has been reworked by the Wall for other star-studded visitors too (see Luka Modrić/Joe Allen, and Robert Lewandowski/Kieffer Moore). This chant summed up just how far Wales had come since the dark days of embarrassing defeats in far-off lands, as household names came to do battle with our heroes.

5. Waka Waka

This one will grow on you, trust me.

Slightly complex lyrical arrangement and extremely questionable poetical structure. *Cynghanedd* it is most definitely not.

Originally the official song of the 2010 World Cup, it was adapted (by the Wales players themselves, apparently) in response to qualification for Qatar 2022, before spreading like wildfire. We can expect elaborate re-recordings of this one down the years as we continue to pay musical tribute to our heroes.

4. There's Only One Gary Speed

Arguably the man who sowed the seeds for the success of the modern era. The Red Wall continues to pay homage to one of its favourite sons. From Deeside to Doha, Speedo's legacy continues to span the ages.

3. Can't Take My Eyes Off You

Easily my favourite track. Originally a 1967 hit by Frankie Valli, it resurfaced in the 1990s as a backdrop to a famous goal celebration, and has become, without a doubt, the unofficial anthem of Welsh international football. The tune ran alongside images of Dean Saunders and others, swinging imaginary golf clubs in a promotional video which coincided with a mini golden era.

It has become my karaoke tune of choice and the epitome of how to enjoy football. A shoe-in for my funeral, I fear.

2. Mae Hen Wlad Fy Nhadau

I choose this with caution.

For me, there is a time and place for the anthem. That time is before the commencement of the game. It is too precious to become just another terrace chant.

Or so I thought.

When Wales needed a final shove over the line in a famous clash with the Belgians, this famous anthem rang out around the ground to roar the boys home. Simply spine-tingling.

Once again, the FAW sensed the mood and spirit in the stands, picking up on it to dramatic effect. The pre-match anthem was left in the safe hands of the a cappella Red Wall. I have seen international visitors visibly moved by this haunting spectacle. A wonderful experience.

1. Yma o Hyd

Straight in at Number 1.

Dafydd Iwan's iconic piece has cemented itself as the very definition of Welsh football.

Despite years in decline, under social and economic pressures. Despite tragedy, dubious refereeing, penalty heartache and last-gasp disappointment, we ARE still here.

Moreover, we have grown. We have developed. We are Wales. A modern, bilingual nation with respect for its past and hopes for its future. Together Stronger. 'Er gwaetha' pawb a phopeth, ry'n ni Yma o Hyd.'

Yr hyn sydd mor arbennig am gefnogi Cymru ydi fod 'na gymaint o amrywiaeth o wahanol bobl ymysg y cefnogwyr, ac yn fwy diweddar yn enwedig, mae'n braf gweld mwy o ferched. Mae cefnogi pêl-droed Cymru, boed gartref neu ar Wales Away, fel bod yn rhan o un teulu mawr lle mae pawb yn rhannu'r un angerdd o fod yn Gymry.

Lois Eluned Williams, Bethesda

For me, being Welsh is not something you choose, it's something you have, so to see your own country finally on the biggest stage at the World Cup, represented independently, and everyone else seeing Wales as a nation, is something you can't buy.

Kerrin McNie, Llantrisant

Being a part of the Wal Goch is just the best feeling. It's not just supporting Wales; it's being a part of something more. Following the team across Europe and feeling like you're an ambassador is pretty special and obviously, it is the best party going! There is a real culture and similar outlooks on life in terms of music, politics, and the respect for our beautiful language of Cymraeg. We're like a big family and whether we're home or away, it's wonderful to bump into people you know and a lot of the time, people you'll only see at internationals. The bond between the team, the Red Wall and the FAW is incredible.

Haley Evans, Caerdydd

Rhywbeth mawr ar droed

Dafydd Iwan

BU'R WYTHNOSAU RHWNG Mawrth ac Awst 2022 yn brofiad a hanner i mi – ac i lawer un, dwi'n amau. Ac am unwaith, gallwn ddweud yn bur ddiamwys mai Cymru a'r Gymraeg sydd ar eu hennill. Mae'r hyn sy'n digwydd yng Nghymdeithas Bêl-droed Cymru yn rhyfeddol ac arwyddocaol. Ac nid am fod fy nghân i yn ei chanol hi yr ydw i'n dweud hyn, ond am fod y negeseuon a dderbyniaf o'r pedwar ban yn brawf bod rhywbeth mawr ar droed. Nid gimic wedi ei ddyfeisio gan swyddog PR ar gyflog mawr mo hyn, ond gwaith y mae pobl fel Ian Gwyn Hughes a'i dîm yn ei wneud yn gyson a dyfal ers dyddiau Gary Speed. Bellach y mae'r cefnogwyr wedi perchnogi'r holl beth a nhw sy'n gyrru'r drol – y Wal Goch sy'n teyrnasu!

Mae'r gŵr sy'n gyfrifol am drefnu'r adloniant yn ystod gemau rhyngwladol Cymru – gŵr o'r enw Dave Driscoll – yn Gymro di-Gymraeg o Benrhiwceiber yn enedigol sy'n cael trafferth i ynganu 'Yma o Hyd'. Ond mae ei galon yn lwmp o Gymreictod pur, ac nid yw byth yn blino brolio fod ei blant yn siarad Cymraeg. Er mai gyda bandiau roc Saesneg eu hiaith y mae'n gweithio fynychaf, mae wedi cofleidio'r cyfle i ddatblygu anthem Gymraeg newydd y tîm pêl-droed cenedlaethol â'i holl egni a'i holl galon. Yn fwy na hynny, mae'n llwyr ymwybodol fod yr anthem bellach yn llawer mwy nag anthem bêl-droed a'i bod yn uno'r genedl mewn ffordd real ac effeithiol iawn.

Dywed ei fod wedi gweld gweddnewidiad mawr yn agwedd cefnogwyr y bêl gron yng Nghymru, a hynny mewn cyfnod cymharol fyr. 'Ychydig flynyddoedd yn ôl,' meddai, 'ein prif waith wrth baratoi ar gyfer gemau rhyngwladol oedd cynllunio'n ofalus sut oedd cadw ffans Abertawe a Chaerdydd ar wahân, a chael bysus gwahanol i fynd â'r ffans adre o lefydd gwahanol. Ein prif gonsýrn oedd osgoi cwffas ac ymladdfa. Ond erbyn hyn, does dim o hynny, mae'r gêm yn eu huno, a'u cefnogaeth i'r tîm cenedlaethol yn gryfach nag unrhyw deyrngarwch plwyfol a hen ragfarnau lleol. Mae'n beth gwych i'w weld.'

Yn ôl y dystiolaeth a gaf i o'r negeseuon niferus a dderbyniaf ar y cyfryngau cymdeithasol a'r e-bost, mae'r cefnogwyr yn teimlo fod neges 'Yma o Hyd' yn cryfhau'r teimlad hwn o undod a thir cyffredin rhwng pawb. Mae llawer mwy o'r ffans bellach wedi sylweddoli fod y tîm yn chwarae dros rywbeth mwy na chrys a baner. Maen nhw'n chwarae dros genedl sydd â hanes a diwylliant ac iaith, dros bobl o gefndiroedd gwahanol, Cymraeg a Saesneg eu hiaith, tlawd a da eu byd, o'r Gogledd a'r De. Pobl amrywiol sy'n cael eu huno gan un achos ac un nod, sef hyrwyddo Cymru. A bellach cawn gyfle i wneud hynny ar un o lwyfannau mwya'r byd.

Ond wrth gwrs, mae ambell un yn seinio nodyn o amheuaeth, ac yn holi beth yn union yw neges y gân. 'Beth a phwy sydd yma o hyd?' yw cwestiwn ffug-dreiddgar rhai, ac 'yma o hyd i beth?' yw cwestiwn eraill. Lleisiau unigol yw'r rhain, sydd â'u hagenda gwleidyddol eu hunain, ac sy'n ofni twf y cenedlgarwch poblogaidd sydd mor amlwg yng nghefnogaeth mudiadau fel Yes Cymru. Pobl sydd efallai yn y pen draw yn ddrwgdybus o unrhyw fudiad sy'n cynhyrchu emosiwn dros achos Cymru, ac yn ei gymharu â'r emosiwn arwynebol asgell dde yr oedd (ac y mae, ac y bydd) Donald Trump a Boris Johnson a'u tebyg yn ddibynnol arno. Mae cymharu'r ddau yn gwbl gamarweiniol, gan fod cenedlaetholdeb sifig cenedl fach yn emosiwn hollol naturiol sydd heb ronyn o gasineb yn perthyn iddo, a heb ronyn o awydd i dra-arglwyddiaethu dros neb arall. Yn hytrach, mae'n fynegiant o'n penderfyniad i oroesi pob ymgais i'n bwlio allan o fodolaeth. Mae'n emosiwn cwbl gadarnhaol sy'n cael gwared â'r hen waseidd-dra a'n llethodd cyhyd fel Cymry.

Nid cyfansoddi polisi plaid oedd fy mwriad wrth ysgrifennu 'Yma o Hyd', na chreu strategaeth llywodraeth, dim ond dathlu'r ffaith ein bod yn genedl, yn genedl wahanol, a bod gennym gyfraniad mawr i'w wneud i'r byd dim ond inni gael y rhyddid a'r cyfle i wneud hynny yn ddilyffethair. Os nad yw pob gwleidydd yn deall hynny, mae ffans y bêl gron yn deall yn iawn! Mae'r Wal Goch yn deall.

Ond yr hyn sydd wedi codi fy nghalon yn fwy na dim arall yw'r modd y mae'r ifanc (a'r ifanc iawn) wedi cymryd at y gân. Mae'n dangos mor werthfawr yw cysylltu'r Gymraeg gyda rhywbeth fel tîm pêl-droed Cymru, a chael y chwaraewyr eu hunain i'w chanu mor frwdfrydig. Roedd clywed y gynulleidfa – ac yn enwedig y to iau – yn canu gyda'r fath afiaith ar faes yr Eisteddfod yn Nhregaron yn ysbrydoliaeth yn wir. Ac nid rhyw ganu llipa dideimlad oedd o, ond canu llond ceg a llond calon, a'r geiriau'n glir fel cloch. Dyna wneud i rywun fel fi fod yn falch imi sgwennu'r geiriau yn y lle cyntaf!

Tystiodd sawl athro ac athrawes ar faes y Steddfod

fod dysgu Cymraeg wedi dod yn dasg lawer haws a llawer mwy pleserus wedi i Gareth Bale gael ei weld yn canu 'Yma o Hyd'. Dywedodd un athrawes sy'n dysgu Cymraeg mewn ysgol yn agos i'r ffin â Lloegr fod y plant wedi bod yn agored elyniaethus i'r Gymraeg nes iddyn nhw weld a chlywed y dorf yn Stadiwm Dinas Caerdydd yn bloeddio canu'r gân. Bellach, mae'r disgyblion yn frwd dros ddysgu mwy o ganeuon Cymraeg, ac yn cynhesu fwyfwy at yr holl syniad o wersi Cymraeg. Grym y Wal Goch ar waith!

Cyn y gêm hanesyddol honno rhwng Cymru ac Awstria, daeth y gwahoddiad gan Ian Gwyn imi ganu yn y stadiwm, gan egluro mai gan y tîm ei hun y daeth y cais gwreiddiol. Doedd gan Ian na minnau ddim sicrwydd y byddai'r fath beth yn gweithio, ond roedd Dave Driscoll yn amau fod rhywbeth mawr ar droed, ac aeth ati o'i ben a'i bastwn ei hun i baratoi ar gyfer hynny. Yn ddiarwybod i bawb, gosododd feicroffonau yma ac acw o amgylch y stadiwm i gael y recordiad gorau posib o'r dorf yn canu. Gwnaeth yr un peth eto cyn y gêm allweddol yn erbyn Wcráin. O ganlyniad i'w weledigaeth, cafwyd un o'r recordiadau gorau o dorf yn canu a wnaed erioed mewn unrhyw stadiwm yn y byd. Erbyn hyn mae posib gwrando ar y recordiad hwnnw gan i leisiau'r 70,000 o gefnogwyr (sef torf y ddwy gêm fawr, a'r tîm ei hun wrth gwrs) gael eu cyfuno'n grefftus gyda'r recordiad gwreiddiol a wnaeth Ar Log a minnau yn 1983. Mae'r cyfuniad yn brofiad a hanner, ac mae'n arbennig bod Cymdeithas Bêl-droed Cymru wedi penderfynu defnyddio'r recordiad newydd yma fel cân swyddogol Cymru yng Nghwpan y Byd! Pa well ffordd i ddathlu taith Cymru i Qatar nag i gyfeiliant y Wal Goch, gyda'r recordiad ar gael ar-lein ac ar ddisg, ac i'w glywed ar draws y byd? Mae'n newyddion ardderchog imi ac i'r Gymraeg, ac yn cyfrannu at sicrhau fod y byd yn cael clywed gymaint ag sydd bosib am Gymru a'i hanes, ein hiaith a'n diwylliant cyfoethog.

Tra byddaf fyw, mi drysoraf yr haf hwn o weld y Gymraeg yn hawlio'i lle ynghanol byd y bêl-droed yng Nghymru, a'r tîm cenedlaethol yn mynd drwodd i rowndiau terfynol Cwpan y Byd ar don o frwdfrydedd cenedlaethol iachus ac afieithus. Beth bynnag fydd y canlyniad ar y cae, fe wyddom na fydd Cymru a'r Gymraeg fyth yr un fath ar ôl hyn.

Cywydd y Cymhwyso

Llion Jones

Cymru v. Wcráin, Stadiwm Dinas Caerdydd
5 Mehefin 2022

Yn eisteddle dyhead
bu'r geiriau ar glustiau gwlad
mai hir yw pob ymaros
fel pader yn nyfnder nos,
a neb yn ei hateb hi…

Awr yw hon i wirioni,
fe ddaeth i ben ein penyd,
awn heb ofn hyd lwyfan byd.

Bywgraffiadau

Ffion Eluned Owen
Yn wreiddiol o'r Groeslon yn Nyffryn Nantlle, fe dreuliodd
Ffion Eluned Owen bron i ddegawd yn fyfyrwraig yn
Aberystwyth cyn ennill ei gradd PhD yn 2018 yn trafod
diwylliant llenyddol ei bro enedigol. Mae bellach yn byw
yng Nghaerdydd, yn bennaf am ei bod hi'n haws iddi fynd i
wylio gemau Cymru gartref ac oddi cartref. Bydd hi'n ennill
ei 30ain 'cap' yn gwylio Cymru dramor yn Qatar, ac mae'n
cyfrif Tbilisi, China a Baku Euro 2020 ymysg y tripiau gorau
hyd yma. Pan mae hi'n dychwelyd adref ar ôl siarad yn ddi-
stop ar sgwariau Ewrop, mae'n gweithio i'r Coleg Cymraeg
Cenedlaethol yn hyrwyddo'r Gymraeg fel pwnc.

Rhys Iorwerth
Bardd, awdur a chyfieithydd llawrydd yw Rhys Iorwerth.
Enillodd Gadair yr Eisteddfod Genedlaethol yn 2011, a
Gwobr Farddoniaeth Llyfr y Flwyddyn 2015 am ei gyfrol *Un
Stribedyn Bach*. Mae'n perfformio'i waith yn gyson ac yn un
o sefydlwyr nosweithiau Bragdy'r Beirdd. Cyhoeddodd Rhys
ei ail gyfrol o gerddi, *Cawod Lwch*, ddiwedd 2021. Mae'r
gyfrol honno'n cynnwys dilyniant o gerddi am Euro 2016
yn Ffrainc – 'mis gorau'i fywyd', chwedl y bardd. Bu'n dilyn
Cymru dramor ers 20 mlynedd, ond ac yntau â dau o blant
bach, bydd yn bodloni ar wylio Cwpan y Byd fel aelod o Wal
Goch Caernarfon. Ym marn Rhys, crys diweddaraf Cymru
yw un o'r crysau pêl-droed harddaf erioed!

Meilyr Emrys

Daw Meilyr Emrys o Fethel, ger Caernarfon. Mae wedi bod yn gwylio tîm pêl-droed cenedlaethol Cymru ers dros chwarter canrif bellach, gan ddilyn y Crysau Cochion o Abertawe i Aarhus, o Bordeaux i Bratislava, ac o Lanelli i Los Angeles. Ynghyd â bod yn rhan o'r Wal Goch, mae Mei hefyd yn hanesydd chwaraeon – sydd i'w glywed yn gyson ar raglenni BBC Radio Cymru – ac yn un o sylwebwyr *Sgorio* ar S4C. Y tu hwnt i'w ddiddordeb mewn pêl-droed, mae Mei hefyd yn ganwr-gyfansoddwr, sydd wedi bod yn ysgrifennu a rhyddhau cerddoriaeth bron iawn cyn hired ag y mae wedi bod yn dilyn Cymru.

Bryn Law

Cafodd Bryn Law ei eni yn Lerpwl yn 1969, ac fe symudodd y teulu i Riwabon ddegawd yn ddiweddarach. Gyda mam oedd yn siarad Cymraeg, a Nain a Thaid yn Llanllechid, roedd yn teimlo ei fod wedi dod adref. Dechreuodd ar yrfa fel gohebydd pêl-droed yn 1992, gan weithio i'r BBC ac yna i Sky Sports am 20 mlynedd. Mae ganddo bellach rôl lawrydd gyda Leeds United ac mae'n darlithio mewn Darlledu Chwaraeon ym Mhrifysgol Met Caerdydd. Mae wedi ysgrifennu dau lyfr am ei gyfnod yn cefnogi a gohebu ar Gymru, mae'n parhau i wylio Wrecsam pryd bynnag mae'n gallu, ac mae ganddo gasgliad sylweddol o hetiau bwced. Fel ffan o gerddoriaeth, mae wedi hyrwyddo sawl gìg a denu bandiau Cymreig i chwarae yn Leeds, ei gartref ers dros 30 mlynedd.

Llion Jones

Brodor o Abergele yw Llion Jones a chefnogwr pybyr o dîm pêl-droed Cymru ers ei ddyddiau mewn trowsus bach. Gêm rhwng Cymru a Manchester United ar gae Ffordd Farrar,

Bangor ym mis Gorffennaf 1969 oedd ei brofiad cyntaf o bêl-droed byw. Yn fachgen pump oed ar y pryd, fe fyddai wedi gwrthod mynychu'r gêm o ran egwyddor pe bai'n gwybod mai gêm i ddathlu'r Arwisgo oedd hi! Bellach, mae'n byw ym Mangor, yn gefnogwr selog o dîm Bangor 1876 ac yn fricsen ffyddlon yn y Wal Goch. Cyhoeddodd gyfrol o gerddi, *Bardd ar y Bêl*, yn cofnodi taith gofiadwy Cymru yng nghystadleuaeth Euro 2016.

Rhian Angharad Davies
Yn wreiddiol o'r Wyddgrug, fe fagodd Rhian Angharad Davies gariad at y bêl gron trwy dreulio rhan helaeth o flynyddoedd ei harddegau yng nghanol y Cop yn y Cae Ras. Yno fe ddysgodd sut i dynnu coes, sut i regi'n groch a sut i garu a chasáu bod yn gefnogwr pêl-droed. Fe dreuliodd oriau di-ben-draw yn crafu enw Steve Watkin ar ei chas pensiliau efo cwmpawd, ac yn tipecsio ei enw dros ei chyfrifiannell Casio! Bellach yn byw ar fferm ym Moelfre, Maldwyn, gyda'i phartner Bryn a'u merched Cadi a Nansi, mae hi'n dal i gael cyfle i brofi gwefr ac angerdd bod yn rhan o dorf bêl-droed trwy ddilyn Cymru adre'n selog ac ar ambell i daith dramor.

Tommie Collins
Brodor o Borthmadog yw Tommie Collins a chefnogwr brwd o CPD Porthmadog, Chelsea a Chymru. Drwy gyd-ddigwyddiad, yn Henffordd yn nhymor 1975/76 y gwelodd ei gêm Porthmadog gyntaf oddi cartref a'i gêm Chelsea gyntaf. Cymru yn erbyn yr Alban ar y Cae Ras yn 1973 oedd ei gêm Cymru gyntaf, ac yn Slofacia yn 2019 mi gyrhaeddodd ei 100fed gêm yn gwylio'r tîm cenedlaethol oddi cartref. Bydd yn mynd i Gwpan y Byd yn Qatar ar ôl blynyddoedd o ganu 'We'll never qualify' ac mi fydd 'na ddagrau o hapusrwydd.

Annes Glynn

Bardd ac awdur yw Annes Glynn. Cyhoeddodd dair nofel a chyfrol o lên meicro, *Symudliw*, a enillodd iddi'r Fedal Ryddiaith yn 2004. Cyhoeddodd ei chyfrol gyntaf o farddoniaeth, *Hel Hadau Gwawn* (Cyhoeddiadau Barddas) yn 2017, a chyfrannodd i sawl casgliad cyhoeddedig o gerddi ers hynny. Barddoni yw ei diléit pennaf y dyddiau hyn, yn benodol trwy gyfrwng cerddi byr ac i bwrpas – caeth a rhydd – ar ei chyfrif Twitter @Yr_Hen_Goes. Mae'n cael fod yr her o ymateb yn chwim i bynciau a digwyddiadau'r dydd yn ei chadw'n ifanc ac ar flaenau ei thraed barddol!

Greg Caine

Mae Greg Caine yn wneuthurwr ffilmiau o Lanusyllt (Saundersfoot) yn Sir Benfro. Ers graddio gydag MSc mewn Darlledu Chwaraeon yn 2018, mae wedi cyfarwyddo sawl rhaglen ddogfen, gan gynnwys *Pontypool RFC: One Game*, a enillodd wobr RTS Cymru, ac *Independent Football Nation*. Ar dripiau Cymru oddi cartref fe wnewch chi ddod o hyd i Greg yn dal cefnogwyr Cymru meddw eraill ar gamera yn gwneud pethau wnawn nhw ddifaru pan maen nhw 'nôl yn y gwaith, ar gyfer ei gyfres vlog *Pobman o Hyd*. Am fwy o wybodaeth am ei ffilmiau a'i weithiau eraill, ewch i www.gregcaine.com.

Iolo Cheung

Wedi ei eni yn Hong Kong a'i fagu yn Llanfairpwll, Ynys Môn, mae Iolo Cheung bellach yn byw yng Nghaerdydd. Gwleidyddiaeth Ryngwladol oedd ei bwnc ym Mhrifysgol Aberystwyth, ac mae bellach yn newyddiadurwr gyda BBC Cymru. Ond dydi pêl-droed byth yn bell o'i feddwl – mae'n sylwebydd achlysurol i *Sgorio*, yn ogystal â thrydarwr achlysurol sy'n darparu ffeithiau ac ystadegau cymhleth am y tîm cenedlaethol. Dechreuodd ddilyn Cymru oddi cartref gyda'i ffrindiau coleg yn 2013, a breuddwyd wallgof bryd hynny oedd meddwl y byddai'n cael teithio i weld Cymru mewn tri thwrnament rhyngwladol dros y degawd nesaf.

Sarah McCreadie

Mae Sarah McCreadie yn fardd, perfformwraig a *lesbian heart-throb* o Gaerdydd. Mae hi wedi perfformio ei cherddi o Gasnewydd i Efrog Newydd. Cafodd gwaith Sarah ei gyhoeddi'n ddiweddar gan Flipped Eye Publishing yn y casgliad *Articulations for Keeping the Light In*. Mae hi'n Fardd Ifanc y Barbican, a bardd 'Words First' BBC 1Xtra, gan gydweithio â phlatfformau o *Vanity Fair* i *Match of the Day*. Gallwch ddod o hyd i Sarah a'i gwaith ar YouTube neu ar Twitter: @Girl_Like_Sarah.

Penny Miles

Mae Penny Miles yn Ddarlithydd mewn Gwleidyddiaeth (America Ladin) ym Mhrifysgol Caerfaddon. Yn ei herthygl mae'n trafod rhai o ganfyddiadau cychwynnol ei hymchwil i brofiadau cefnogwyr benywaidd wrth ddilyn Cymru oddi cartref, sy'n rhan o astudiaeth ehangach ar rywedd sefydliadol mewn pêl-droed yng Nghymru. Bydd ei ffilm *Remembering France: Gender and Nation in the Red Wall of Wales*, sy'n dathlu profiadau cefnogwyr benywaidd yn yr Ewros, yn cael ei rhyddhau cyn diwedd 2022. Mae hi wedi dilyn tîm pêl-droed y dynion ers yr 1990au, a'r menywod ers 2017, ond yn difaru na fuasai wedi darganfod y tîm hwnnw ynghynt.

Fez Watkins

Mae Fez Watkins yn byw yn Sir Benfro gyda'i wraig a'i blant. Fe astudiodd Hanes Celf yn y Courtauld Institute of

Art, a Choleg yr Iesu ym Mhrifysgol Rhydychen. Fez wnaeth sefydlu'r Barry Horns yn 2011.

Sage Todz

Mae Sage Todz yn artist rap, hip-hop ac R&B o Gymru. Wedi'i eni yn Essex ac yn byw yng ngogledd Cymru, mae cerddoriaeth wedi bod yn rhan fawr o'i fywyd erioed, ac fe ddechreuodd ryddhau ei gerddoriaeth ei hun yn swyddogol yn 2020. Dros y blynyddoedd diwethaf mae wedi datblygu i fod yn enw cyffrous ar y sin, ac fe gydweithiodd â Chymdeithas Bêl-droed Cymru cyn buddugoliaeth hanesyddol Cymru yn erbyn Wcráin er mwyn cynhyrchu fersiwn newydd o gân brotest enwog Dafydd Iwan, 'Yma o Hyd'. Mae'r dyfodol yn ddisglair i Sage wrth iddo barhau i gyfuno Saesneg a Chymraeg yn ei gerddoriaeth dril.

Marino

Gan greu sain unigryw, mae'r rapiwr o Abertawe, Marino, yn gyfforddus â dril ynghyd â synau mwy melodig, ac mae ei drac 'Cardiff to Vetch Fields' ar GRM Daily yn arddangos hyn. Mae i'w glywed ar drac Sage Todz 'O HYD'.

Gwennan Harries

Bu Gwennan Harries yn swnian am hydoedd i gael crys pêl-droed Cymru yn lle gorfod mynd i'r ysgol gynradd ar Ddydd Gŵyl Dewi mewn gwisg hen ledi Gymreig. Fe gafodd hi'r cit Lotto llawn 96/98 yn y diwedd, a dyma'i hoff git Cymru hyd heddiw. Yn wreiddiol o'r Bontfaen, bu'n chwarae i Ddinas Caerdydd, Academi Bryste ac Everton, gan ennill 56 cap i dîm pêl-droed Cymru a sgorio 18 gôl. Mae hi'n athrawes Addysg Gorfforol yn Ysgol Gyfun Glantaf ac yn un o brif sylwebwyr pêl-droed Cymru, yn wyneb a llais cyfarwydd ar *Sgorio* S4C a rhaglenni'r BBC.

Garmon Ceiro

Roedd Garmon Ceiro yn drydarwr o fri cyn iddo ddechrau diflasu ei hun. Roedd yn gyfrannwr ar Hansh cyn iddo fynd yn rhy hen. Roedd yn olygydd *Golwg* a Golwg360 cyn iddo flino gormod. Mae'n briod, yn dad i ddau o blant, ac yn araf ddysgu bod popeth yn gorfod ffitio rownd hynny! Yn wreiddiol o Dole, Ceredigion, mae'n byw yn y Tyllgoed a'i hobi pennaf, bellach, yw cwyno am sbwriel.

David Collins

Mae David Collins wedi profi holl uchafbwyntiau ac isafbwyntiau'r tîm cenedlaethol dros y blynyddoedd. Ac yntau'n gyfrannwr profiadol ac uchel ei barch yn y cyfryngau Cymreig, mae wedi cyfrannu at nifer o wefannau, cyhoeddiadau a chynnwys digidol. Mae'n awdur sawl llyfr ar bêl-droed Cymru ac agweddau eraill ar fywyd cymdeithasol a diwylliannol. Mae hefyd yn gefnogwr brwd o Gôl Cymru, elusen cefnogwyr Cymru sy'n cefnogi achosion da lle bynnag mae'r tîm yn chwarae.

Dafydd Iwan

Yn gerddor, gwleidydd, ymgyrchydd a phregethwr, mae Dafydd Iwan yn un o ffigyrau amlycaf Cymru. Yn wreiddiol o Frynaman ac wedi ei fagu yn Llanuwchllyn, roedd yn un o arweinyddion blaenllaw'r frwydr iaith rhwng 1968 a diwedd yr 1970au. Mae'n un o sefydlwyr Cwmni Recordiau Sain ac wedi cyfansoddi dros 250 o ganeuon ei hun, a'r rhai gwleidyddol a phoblogaidd wedi ysbrydoli miloedd o Gymry. Bron i 40 mlynedd ar ôl ysgrifennu ei gân enwocaf, mae'n falch bod y Wal Goch wedi mabwysiadu 'Yma o Hyd' fel ei hanthem answyddogol.

Hefyd o'r Lolfa:

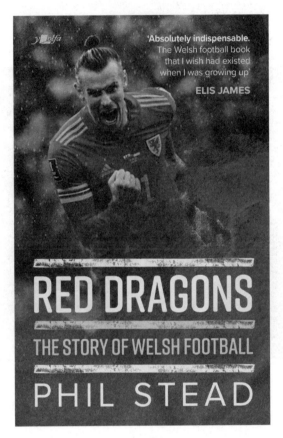

£14.99

£5.99

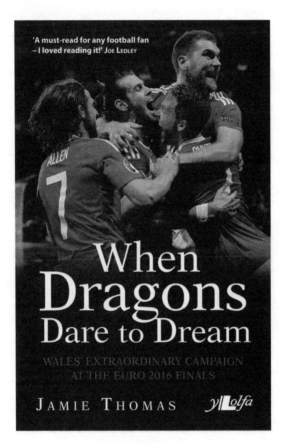

'A must-read for any football fan
– I loved reading it!' Joe Ledley

When
Dragons
Dare to Dream

WALES' EXTRAORDINARY CAMPAIGN
AT THE EURO 2016 FINALS

JAMIE THOMAS   yLolfa

£9.99

NICK BURNELL

TRAILING CLOUDS OF GLORY

WELSH FOOTBALL'S FORGOTTEN HEROES OF 1976

y Lolfa

£9.99

£3.99

20.11.22,

X056100